地域批評シリーズ㊵

これでいいのか東京都北区

まえがき

本書は、2015年11月に刊行された『日本の特別地域 特別編集70 これでいいのか 東京都北区』（以下前作）を加筆修正の上、再構成した文庫版である。北区は、長らく東京23区の中で特筆すべき「地味」な存在であった。まず区名がよくない。他の地域は、それぞれ歴史や地域の特色を込めた区名をつけているのに、北区は「単なる方位」である。これにより、北区のイメージは希薄になり、王子、赤羽、田端、十条といった中心街は有名だが、それらが北区にあることすら、知られていないことも多かった。

しかし、北区は歴史も伝統も豊かな地域だ。南部はまごうことなき江戸市内だったし、戦前は軍事・工業地帯であると同時に、お屋敷の建ち並ぶ高級住宅地でもあった。岩淵は江戸時代から重要な流通拠点だったし、王子神社は都内でも有数の、格が高い神社である。

北区の実力は長らく知られることはなかった。だが、昨今は一種の北区ブームが起きている。地元民の憩いの場だった飲み屋街はもはや観光地と化し、商店街は都内で数少ない「生きた商店街」として注目されるようになった。その中で発見されたのは、北区が楽しく、暮らしやすい土地だということだ。

前作を刊行した2015年は、まさに北区ブームが最高潮に達したころだろう。その後赤羽、十条を中心とした北区の人気は完全に定着し、一時のように「誰も知らない」などということはなくなった。

本書は、そんな北区の正体を探る一冊である。歴史、区民の姿、区内の状況と諸問題を分析。同時に区内をくまなく歩き回り、その実態をみつめてきた。また、文庫版の制作にあたっては、ようやくメジャーになった北区に、新たに起こっている問題や変化についても考察。なぜ、北区は今のような姿となったのか。これから北区はどうなっていくのか。北区は今後どうするべきなのかを、改めて探っている。

そこで新たにみえてきたのは、メジャーになったからこそ苦しい北区のジレンマだ。4年前、我々は帰宅を「デフレが生んだ理想郷」と呼んだ。その理想郷には、密かに、しかし確実な危機が迫っている。その正体をぜひ一緒に、確かめていただきたい。

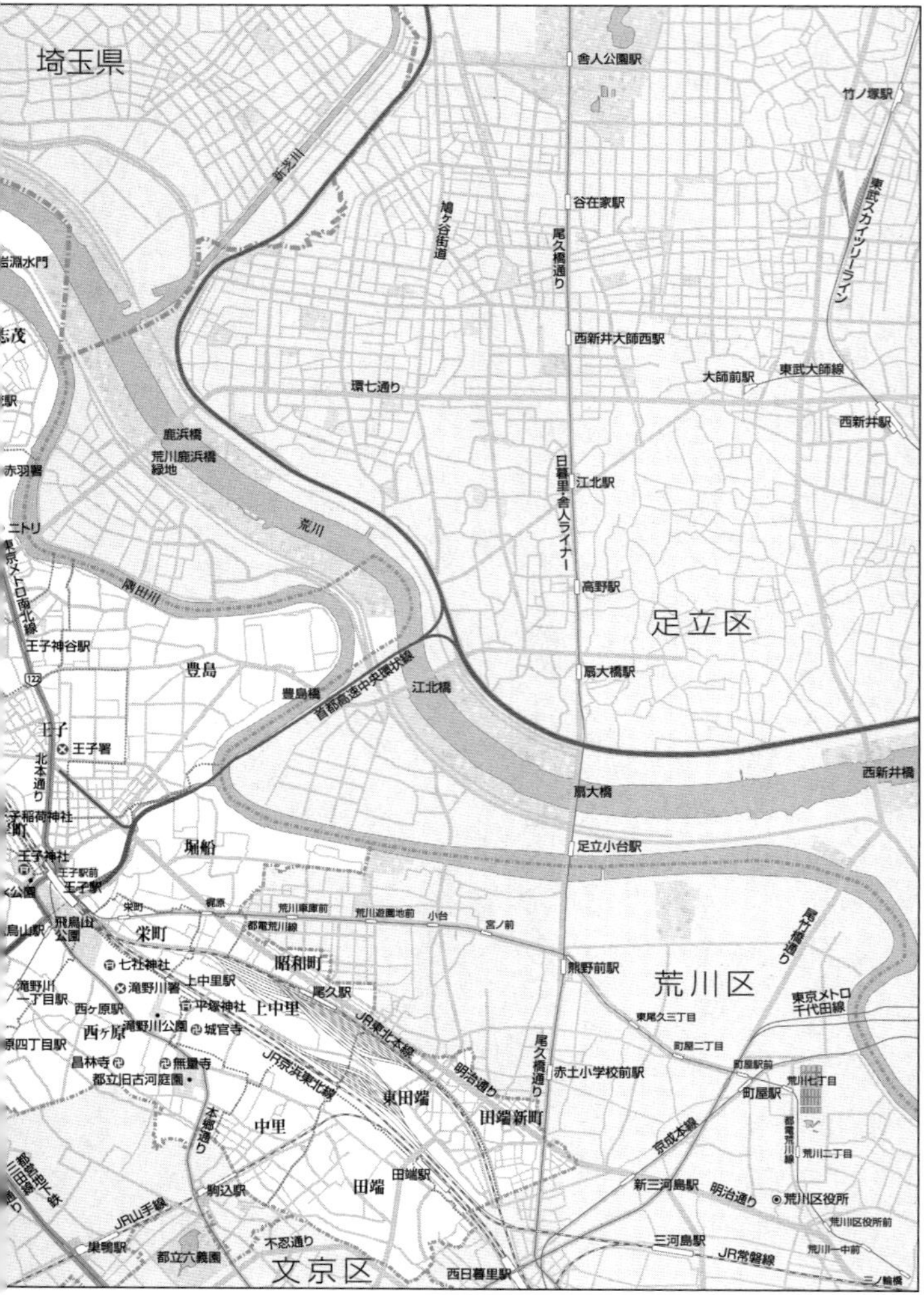

埼玉県
舎人公園駅
竹ノ塚駅
新芝川
谷在家駅
東武スカイツリーライン
鳩ケ谷街道
尾久橋通り
岩淵水門
西新井大師西駅
大師前駅
東武大師線
環七通り
西新井駅
鹿浜橋
荒川鹿浜橋緑地
赤羽署
日暮里・舎人ライナー
江北駅
ニトリ
荒川
東京メトロ南北線
隅田川
高野駅
足立区
王子神谷駅
122
豊島
首都高速中央環状線
江北橋
扇大橋駅
豊島橋
王子
王子署
北本通り
西新井橋
扇大橋
王子稲荷神社
堀船
足立小台駅
王子神社
王子駅前
王子駅
栄町
梶原
荒川車庫前
荒川遊園地前
小台
宮ノ前
都電荒川線
飛鳥山駅
飛鳥山公園
栄町
尾竹橋通り
七社神社
昭和町
熊野前駅
荒川区
滝野川一丁目駅
滝野川署
上中里駅
尾久駅
東京メトロ千代田線
西ケ原駅
平塚神社
上中里
東尾久三丁目
滝野川公園
西ケ原
城官寺
JR東北本線
町屋二丁目
西ケ原四丁目駅
JR京浜東北線
尾久橋通り
昌林寺
無量寺
赤土小学校前駅
町屋駅前
荒川七丁目
都立旧古河庭園
明治通り
町屋駅
東田端
本郷通り
田端新町
都電荒川線
中里
京成本線
荒川二丁目
都営地下鉄三田線
田端駅
駒込駅
田端
新三河島駅
明治通り
荒川区役所
JR山手線
荒川区役所前
不忍通り
三河島駅
巣鴨駅
都立六義園
JR常磐線
荒川一中前
文京区
西日暮里駅
三ノ輪橋

北区地図

浮間公園
舟渡公園
中山道
浮間舟渡駅
JR埼京線
JR東北・上越新幹線
浮間
荒川
JR東北本線
JR京浜東北線
岩槻街道
新荒川大橋
西台駅
北赤羽駅
赤羽北
高島通り
蓮根駅
星美学園短期大学
岩淵町
浮間つり堀公園
東京北医療センター
赤羽岩淵駅
北本通り
都営地下鉄三田線
環八通り
赤羽台
赤羽
小豆沢公園
桐ヶ丘中央公園
赤羽駅
桐ヶ丘
志村三丁目駅
志村坂上駅
首都高速5号池袋線
赤羽南
北運動公
赤羽自然観察公園
赤羽西
東京都
北区
板橋区
本蓮沼駅
味の素フィールド西が丘
西が丘
清水坂公園
十条仲原
JR埼京線
上板橋駅
東十条駅
中十条
環七通り
上十条
東武東上線
板橋本町駅
十条駅
川越街道
ときわ台駅
中山道
首都高速5号池袋線
東京成徳大学・短期大学
都立城北中央公園
中板橋駅
十条台
北区中央公園
板橋区役所
板橋区役所前駅
大山駅
新板橋駅
環七通り
下板橋駅
板橋駅
近藤勇と新選組隊士の墓
西武有楽町線
小竹向原駅
要町通り
東京メトロ有楽町線
北池袋駅
千川駅
江古田駅
豊島区
山手通り
首都高速中央環状線
明治通り
巣鴨新田
西武池袋線
JR山手線
要町駅
新江古田駅

北区基礎データ

地方	関東
総面積	20.61㎢
人口	353,528人
人口密度	17,153.23人/㎢
区の木	サクラ
区の花	ツツジ
団体コード	41000-4
区役所所在地	〒114-8508 東京都北区 王子本町1-15-22
区役所電話番号	03-3908-1111(代表)

人口は2019年7月1日現在
面積は国土地理院「平成30年全国都道府県市区町村別面積調」より

第１章
北区って
どんなトコ

【北区の人種】正統派「下町」テイストに多彩な人種が大集合

庶民らしい庶民という人種構造になったワケ

北区に住む人々を端的に表現すると「庶民」である。別に金持ちは住んでいないし、今風の小洒落たニュータウンも存在しない。かといって、それが劣った存在かといわれればそんなことはない。大体、東急あたりが好きそうな上っ面だけの「田園都市」とか、卒塔婆みたいな高層マンションだらけの墓場チックな「湾岸都市」とかをありがたがるような、「わかってない」連中とは一線を画している。実際の北区民は全然実感していないかもしれないが、本質的には大変アーバンで豊かな「下町に住む」人々なのである。

といって、豊かな伝統とか文化があるわけではない。これは、北区のたどってきた歴史に大きく影響している。

北区には「伝統がない」といいきってしまったが、土地自体にはそこそこの伝統がある。江戸時代には、王子以南はまぁ一応江戸市内に入れてもいい場所だったし、飛鳥山は江戸直近の行楽地として有名だった。今の東京でいうところの高尾山くらいのイメージであろう。東には岩淵、西の区界には板橋という宿場町があり、荒川沿岸は物流拠点として栄えた歴史ある土地。３００年くらいの伝統は存在するのである。

が、今やその面影は全然ない。その理由は数度にわたる大変革にある。江戸時代から明治に入ると、都市近郊ののんびりタウンは一大工業都市へと変貌する。川の近くには工場ができるという法則に則る、当然の流れである。田端に鉄道基地ができたのも手伝い、ここに労働者が集まってきた。

次いで、これまた都市近郊に広い土地があって、鉄道も整備されているということで軍隊もきた。軍隊は、生産性がほぼ皆無というその性質上、モノを買いまくる存在だ。これを狙ってさらに工場やら飲食街やら色街やらができてくる。北区（旧王子区や旧滝野川区）の人口はどんどん増えた。

さらに、東京の人口動態を激変させた関東大震災と第二次世界大戦が起こる。この二大事件により、もともと都心部に住んでいた人々はその住居を、北区を含む山手線外縁に大挙して移動。戦後は軍隊の解体や地価高騰による工場の郊外移転が重なり、北区にはまたまた広い土地が空く。ここにバカスカと団地が建設され、今度は戦後復興を担う企業戦士たちが集結。このように、北区は行楽地→工業地帯、軍事基地→純粋住宅地と二度にわたってその性質をがらりと変貌させた。もはや伝統もなにもほとんど残らないくらいの大変化が起こったのである。

栄光の中流が今の北区民？

このように、ほとんど全身輸血状態で変化してしまった北区。当然そこに住む人も入れ替わった、というか後から来た人々の数が多すぎて、先住民は飲み込まれてしまったという形だ。

現在北区に住む人々は、基本的に、戦後北区の団地や造成地に入ってきた人々である。彼らを構成するのは、千代田区や中央区など江戸下町地域から震災や戦争で移住を余儀なくされた層と、高度経済成長期に地方から東京へやってきた層など。もちろん全員がこうした性質の持ち主ではないが、大きなグループであることは間違いないだろう。

そしてここにもうひとつ要素が加えられる。この、震災と戦災で移住した人々は（戦後上京組も似たようなものだが）、当時の経済状況によって、「北東組」と「西南組」に分かれた。北区や足立区、それに葛飾区や江戸川区などの東京北東地区にはビンボー人、戦前から高級住宅地があった大田区（西部）、世田谷区、杉並区などへはリッチ層という具合だ。これは、そもそも内陸で住宅しか作れなかった東京西南部には、いわゆる「田園都市」を目指した高級住宅が建ち、そこにはホワイトカラーが集合。川沿いで工場もあった北東部には通勤に都合のよいブルーカラーが集まるという事情が大きく影響している。

こういう構造が、西南部の庭付き一戸建てエリアと、北東部の団地という性格を作ったのである。その後、北区も地価が上がったことで工場は去っていったが、それでも基本的には「安い」ままであった。ブルーカラー比率は下がっても、あんまり高給取りは来ない。滝野川近辺など例外はあるが、北区は高度経済成長を支えた若いサラリーマン家庭が多く住むことになった。いわゆる「戦後日本の中流」の街となったのである。今の北区民は、そうした企業戦士たちと、その子孫が根幹なのだ。

駅によっても人種は違う?

さて、昭和の企業戦士といってもさまざまだ。旧財閥系のエリートコースもあれば、中小企業や町工場に勤務する層もいる。北区の街ごとの違いは、こうした「所属企業」の微妙な差も影響しているようだ。そう、どの通勤地へ通うかで、街に住む人の性質は変化するのである。

まず、北区の根幹を成すのは京浜東北線。この路線はビジネスの中心地丸の内と、川崎などの京浜工業地帯に直結する。これに対して池袋、新宿方面につながる赤羽線、つまり現在の埼京線が通る赤羽は、京浜東北線エリアに比べて

「元気のよい」印象だ。対して丸の内エリアの田端などはおっとり風。新宿といえば、今でこそ大分収まったがもともと、表から裏まで雑多な企業や産業がひしめいていた「魔都」である。ここに通勤しやすく、しかも物価が安い赤羽には、いかにも新宿風な人々が集まる。対して王子エリアは地元に雇用がある分、そこに通う労働者プラス丸の内民。田端は山手線だからちょっと高給取り（山側だけの話だけど）といった色分けがある。こうした状況が40〜60年程度あったことで埼京線（赤羽線）の勢い、京浜東北線のふんわりといった街の人種構造ができあがっていったのだ。

しかし、それも今は変化しつつある。相変わらず新宿には怪しい産業がひしめいてはいるが、それ以外にも西口エリアなど、もともと丸の内にあった大企業がある。つまり赤羽の空気も新宿の雰囲気が変化したことに連動して怪しさを減衰させている。また、地下鉄南北線の開通で、それまで近くて遠い存在だった市ヶ谷・飯田橋エリアへの直通ルートができたことで、ここに通う人々も流入している。

もうひとつの流れとしては、外国人（出身者）居住者の増加もある。現在、東京で外国人が集まる街といえば、錦糸町、池袋、新宿などである。また、板橋にはインド系（パキスタンやバングラデシュも含む）などのコミュニティがある。北区は、これら「外国人増加エリア」への「通勤」条件もよく、それでいて中流の伝統から家賃、物価の安い北区は、彼らにとって都合のよい街なのである。

外国人居住者が増えると、何かと軋轢が生じるケースは多い。ただ、あくまでも「比較的」だが、北区ではあまり問題になっていないようだ。北区民は、これまでみてきたとおり震災後・戦後の新規流入者というプロフィールを持っている。さらにその中でも裕福とはいえなかったグループだ。要は元気のいいビンボー人が四方八方から集まってきたわけね。出身地による対立などといっていてはやっていられなかったのである。近年の新規流入者や外国人が、すんなり馴染んでいるのもその延長線なのだろう。

※　※　※

首都圏の新たな人気スポットとしての注目度が高まる北区。とりわけ、北区に住みたがるのは、やはり子育てを迎えた世代である。川を越えた埼玉県川口

今の北区民は高度経済成長期までにやってきた団地民がその中核。いってしまえばいわゆるニュータウンなので年齢層が固まっており、それが高齢化を推し進める結果となっている

市なんかもファミリー層が増加しているといわれるが、やはり東京23区と埼玉県との間には超えられない壁があるのは確かだ。

元来、北区というところは23区なのにマイナーであった。北区という地名はあまりにもありがちで、ほかの政令指定都市にも使われておりオリジナル感は皆無。２０１５年に北区が首都圏で実施した調査では、北区の認知度は「名前を聞いたことがある」程度の漠然とした回答が74パーセントを占めるという惨憺たる結果であった。あまりの酷さに北区では２０１６年には区が音頭をとって「北区に住もうよ！！！」

という宣伝活動まで実施しているほど。これが、どれほどの効果をもたらしたかはわからないが、北区の存在感はここ10年あまりで急速に高まっている。2015年に上野東京ラインが開業したことで、中心地である赤羽が単なるシブい飲み屋が集まっているだけではなく、交通至便な地域だと広く認識されたこともあるだろう。

また、東京全体でも「住みたい街」は非常に流動化している。かつては、東京で誰もが住みたい街を口にした時に必ず入っていた吉祥寺や自由が丘の凋落は激しい。このどちらも、繁華街があってオシャレな店があるみたいなイメージで住みたい人が多かった街。しかし、現在の人々が住みたい街に必要な要素は、オシャレな店とかよりも安くて便利な店である。それらが集中的に存在している北区が次第に存在感を高めるのは当然といえるだろう。

北区の場合、赤羽がディープな街として注目されるようになって10年ほどが経つ。もともと、赤羽が注目された理由は、首都圏各地で盛んな再開発とは無縁な飲み屋やらなにやらが建ち並ぶ雑多な光景。それが、マンガ作品などで紹介され、新たな観光資源として人を引き寄せたのである（作品の発表から注目されるまでそれなりの時間を要したが）。そして、最初は単なる観光地であったのが、住む街として注目されるようになったのは２０１７年頃から。この頃から、赤羽では地価が上昇。住みたい街ランキングでも急浮上することでさらに注目されるようになり、現在進行形で新住民が流れ込んでいるというわけである。

こうして赤羽を出発点に北区各地に住みたい人々が集まっているわけだが、実のところ住むことができるのは僅かな人である。なぜなら単純に物件が少ないからだ。２０１９年７月時点で不動産情報サイト・ＳＵＵＭＯに登録されている新築マンションは13件。最多の世田谷区が43件。品川区が38件、荒川区が23件、大田区が18件なのに比べると物件数は少ない。ちなみに、価格もファミリー向けの３ＬＤＫだと４０００万円台だ。まだまだ不動産価格が高騰している中で、新宿区だと６０００万円台なのに比べると安くみえるがそれでも高い。結果、北区にやってくるのはこれまでの泥臭い住民とは違う、ニュータイプな中産階級ばかりになっている。そんな彼らがセレブとして振る舞うのか、北区のディープさに飲み込まれていくのかは、それはまだわからない。

工業地域の伝統がある王子では近年マンション建築が盛んになってきた。ブルーカラーの街という性質は急速に失われつつある

子育て世帯は増加中。とはいえその増加スピードは緩やか。人気はあってもファミリー向け物件の数はそれほどでもないことの影響だ

【赤羽】フリーダム東口とセレブ風西口の格差

東西の妙な格差は再開発の結末か？

さて、いまや北区最大の街となった赤羽である。今この街には、激しいまでの「東西格差」が発生している。

元来の「赤羽らしさ」が色濃く残るのは東口側だ。本場中の本場は一番街で、これはもう見るからに「闇市・バラック」から順調に発展してきたごちゃごちゃタウン。闇市というと、どうも犯罪の温床、といったイメージを持たれがちだが（確かにそれも事実の一片ではある）、同時に戦時統制から解き放たれた「自由」が爆発した場でもあった。だからこそ、上野や新宿の巨大繁華街は今でも魅力的なのである。赤羽も、その「自由」の空気を濃厚に残している。

だが、これが西口になるとかなりの変化が感じられる。アピレ、イトーヨーカドーをシンボルとする「ザ・再開発タウン」が駅前には広がっているのである。

街行く人の雰囲気も、東口、西口ではなんとなく異なっている。当然ながら、大半は「フツーの人」だが、東口には加えて24時間耐久飲酒的な、ジャージで闊歩する生業不明なオッサンがいたり、肝の太そうなチャリンコオバハンが多数混在する。それに引き替え、西口にいくと、一見セレブ風の若奥様やらが散見されるのだ。再開発によって街並みが東西で一変しただけでなく、人種構成まで変化してしまったのである。

が、この「格差」は赤羽駅前の開発具合だけで生まれたものではない。赤羽はターミナル駅だ。周辺から多くの人が集まってくる。格差が生まれた要因は、実はこちらのほうが大きく影響しているのである。

まず「オールドタウン」である東側を歩いてみよう。一番街に赤羽小学校が隣接していることが象徴なのかもしれないが、東口の街と住宅地は隣接所が密接している。さすがに直近の赤羽一丁目は大半が商業地だが、少し東に向かって西友やダイエー（イオン）のある二丁目に入ると、徐々に住宅地の密度が増し、商店街と住宅が混在するようになる。北本通りを過ぎて志茂や環八エリアの岩淵まで到達すると、すでに一面の住宅地だ。この岩淵、志茂を含む東口エリアは、基本的に小さめの一戸建てが多い。特に岩淵は江戸以来の古い町ということもあり、案外古くからの住人が多い。

これに対して西口側は、桐ヶ丘アパートなどの団地、URの新しい団地など、駅周辺から徒歩圏内に高層住宅が目立つ。これだけみても、東側と西側の違いは際立つが、さらにその後背地の影響もある。さらに北の北赤羽や浮間の存在である。

今の40代以上の、昭和の記憶がはっきりしている層に話を聞くと、そもそも北赤羽や浮間は「建物自体が少ない」なーんにもない土地というイメージだという。それが変化したのはここ20年ちょっと。つまり平成に入ってからだ。大きな転機となったのは１９８５年の埼京線開通だ。それ以前も支線のような形で池袋、赤羽間を結ぶ「赤羽線」はあったが、これが埼玉から池袋、新宿までをつなぐ埼京線として一本化されたことで、赤羽のインフラ事情は一変。当時はちょうど新宿の西口側が「副都心」として大開発が行われていたこともあり、赤羽周辺に新たな住宅需要が生まれた。それ以降、「無人の荒野」だった北赤羽や浮間にどんどんと人が入ってきて、一気に住宅地化が進んだというのである。

つまりだ。赤羽の北方、つまり西口側の住民という人々は、古くても戦後、多くは平成以降に北区へやってきた人々なのである。こうしてみてしまうと、同じ赤羽駅といっても、東口と西口では生まれも育ちもまったく違う人々が暮らしている土地、なのである（とまで断言するのは危険極まりないのはわかっていますよ、一応）。

西口優位が確定？　東口は硬直状態？

新しい赤羽の西口と古い赤羽の東口。そうしてみると、西口だけ再開発が行われて、東口はほったらかしというのもさもありなんな感じがしないでもない。しかし、ヨソから赤羽に「遊びに来た」視点でみると、味のある東口と、無個性の「量産型」な西口という印象が強い。おきれいな西口といっても、所詮はヨーカドーだ。高級感を発するデパートでも最新のファッションビルでもランドマークとなる家電量販店もない。悪くいってしまうと「良くあるイナカの駅前」だ。まあそれぞれに魅力と用途の違う街が赤羽という駅に揃っているともいえる。

だが、住民の利便性という意味では、やはり新しい西口を利用したいものだ。何はともあれヨーカドーにいけば、大抵のことは事足りるのである。近年では、1990年代に開通した南北線沿線民という存在が、岩淵、志茂に増加している。南北線は赤羽に停車しないが、このエリアにはほとんど商店が存在しない。徒歩、自転車利用だとやはり赤羽が最寄りとなるわけだ。彼ら「新しい東口住民」は、元来の東口住民とは違い、「量産型」のほうが便利に使える人種が多い。そうすると、やはり新しいヨーカドーにいきたがるものである。しかし、そこに立ちふさがるのは線路と駅舎という「壁」。面倒くさいからちょっと古くからある東口の西友とダイエーで事を済ませるという生活パターンとなる。結局、新住民も何だかんだで東口の空気に染まっていくわけで、東西の「格差」を埋める存在には、今のところなり得ていないようである。

東口に迫る観光地化住民にはいい迷惑？

昭和の空気が残る東口。自転車で疾走するおばちゃん連中は、まあ近隣の古き良き主婦層だと思われるが、昼間っから酒をあおるフリーダムなメンズはどういう人たちなのだろうか。古くから赤羽に根ざした商店主や既に定年を迎えた団地に住むオールド企業戦士などと想像できるが、ここ数年彼らの姿は減少しつつある。

近年、東口を歩いていると、明らかに地元民ではない「観光客」が増加している。これは、マンガやそれを原作としたドラマで赤羽が紹介されたことが大きな要因だと思われるが、これら観光客に押し出されるように、オッチャンはその目撃数を減らしている。有名になったはいいが、地元民としては「荒らされている」感は否めないのかもしれない。

ただ、おばちゃん層にはその「悪影響」はあまりないのかもしれない。筆者

東口駅前には広場がある。飲み屋の街赤羽だけあって、夜になると酔っ払いが大集結するカオス地帯に変貌する。これも赤羽の味か

の印象だと、10年前と比べて街全体が「元気になった」というのが赤羽の印象だ。それを感じさせるのが、買い物おばちゃん層の数の多さである。赤羽スズラン通りの駐輪数などは、さすが商店街の街北区というべき偉容である。

怪しげな魅力のあった飲み屋街は、確かに観光地化の悪影響を受けているのかもしれない。だが、東口全体としてみれば、いい具合の「中和」が起きて、全体的に好影響を受けているのかもしれない。それに加えて「セレブ風な西口」もある。普段の生活をする分には、全てが揃ったいい街になってきたというのが、おそらく公平な評価であろう。デパートやら家電量販店なんかは池袋にいけばいいのだ。赤羽は今、最高の「バランス」を手に入れているのである。

再開発地域は確かにどこにでもあるつまらない街だが、だからこそ使いやすい便利な場所。旧来の街と共存しているのは悪くない

王子と並んで歴史の深い岩淵の商店街。昭和の風情を残す良い感じの道だが、ここにも巨大なマンションが進出している

【十条】最強の商店街十条銀座の猛威

赤羽はもはや価値なし　ホントの北区は十条に

ホントの北区を知りたいならば、十条においでよ。

数年前から、北区の知名度は上がっていると思う。清野とおるのマンガ『東京都北区赤羽』。その映像化作品『山田孝之の東京都北区赤羽』。そうしたメディアを通じて北区そのものの地名度が、上昇しているのは間違いない。けれども、今の赤羽に本当に良くも悪くも泥臭い昭和色を残した古き良き北区の姿はあるだろうか。それらは、もうほとんど姿を失っていると思う。なにも観光地化されたことによって、来訪者が増えて地元の雰囲気を荒らしてしまったことだけがその原因だというつもりはない。メディアで取り上げられて観光客が増えても「なんか混雑しているな」程度で、情緒の部分を破壊してしまうような酷い事例は、そんなにないからだ。

赤羽の特徴は、飲み屋街をのぞけばそんなに昭和色が残っていないことにある。なにせ、駅ナカから特に西口は駅の周辺までが、どこにでもありそうなチェーン系の店。あるいは、少々オシャレな店ばかりになっている。そこからは、町全体には昭和色など求められておらず郊外のターミナルを目指しているのだとわかる。赤羽は昭和とは違う変化を求めて現在に至っているのである。

それに対して、変化を求めることを拒否し、永遠の昭和を探求し続けているのが十条エリアの最大の特徴だといえる。だからこそ、ここに住む住民たちの営みこそが本当の北区の原風景を見せてくれると断言できるのだ。

東西南北でまったく違う十条の風景は多種多様

一口に十条といっても、その範囲は広い。駅でいえば十条と東十条。その東西に十条の街は広がっている。昭和感が色濃く残る十条銀座商店街や、演芸場通り商店街などを軸として古さを放つ十条だが、すべてが古さ満載かといえば、そうではない。東十条よりも西側は古くから住宅地として開発された経緯があるためか、ごちゃごちゃと入り組んだ味のある街になっている。対して、東十条駅よりも東側の地域は、高度成長期に工場群が減少してから姿を変えた地域である。この地域は、巨大な団地群もあるし、王子神谷駅へと近づけば１９９０年代以降に建設されたマンションも目立ってくる。昭和テイストよりもニュータウン風味が強い地域といえるだろう。

南側の十条台は昭和的下町の雰囲気を持たない地域だ。この十条台は一丁目と二丁目があるのだけれども、その敷地のほとんどは自衛隊の駐屯地と東京家政大学、東京成徳大学などの敷地。さらには、北区中央公園が占めるという変わった空間である。その雰囲気は、文字通り郊外そのものである。とりわけ公園は昼下がりになれば子供や母親たちが集うスポットになっている。この十条台にある北区中央図書館は戦前の陸軍の赤煉瓦倉庫を改装した上で増築したものの。公園に面したもっとも見晴らしのよいところがテラスとなっている。この倉庫の建物がそのまま残っているところにはカフェが入居しているのだが、このカフェ、北区には似つかわしくないハイソな店で、ちょっとお高めな値段設定になっている。そのような店が成立するあたり、この地域が単に安いものばかりを求める人だけではなく多様な人が住んでいることを示している。ちなみに、この倉庫の部分は近代建築好きには堪らないだろうが、建物の中でカメラを向けようものなら即座に警備員が飛んでくる状況になっている。すなわち、とてつもなく安全な土地。目の前の公園に子供たちがわんさかいるのも安心感からなのかも。

地域の北側は、どのあたりまでが十条の地域圏なのか曖昧だ。都道318号線を横断して北に向かうと次第に道路に高低差がある地域にさしかかるが、このあたりまでで区分して間違いはないだろう。なにしろ平地に住んでいる限りは、自転車でスイスイ移動できるから。

商店街は充実しているけどスーパーはいまいちかも

さて、そんな十条の魅力といえば、やはり十条銀座を中心とする商店街だ。

この十条銀座などの商店街は、デフレの続く中でやたらと注目されるようになった。その理由は、物価の安さである。これまで地域批評シリーズ各巻ではさまざまな物価の安い地域を訪れてきた。しかし、十条銀座の安さは度を超えていた。中でも総菜や食物系、普段使いの衣料品は驚くほど安いのだ。これまで、筆者は東京の南側の物価の安さ優等生といえる大田区が、物価が安くて住みやすい地域だと思っていた。しかし、十条のそれは大田区を凌駕していた。焼き鳥一本50円の店が複数ある。そして、十条のソウルフードとして、頻繁に語られるチキンボールに至っては一個10円！　ここまで、とんでもない安さで攻めることができるのは、商店街を利用するのが地域住民に止まらないからと思われる。大学だけでも十条台にある東京家政大学と東京成徳大学に加えて、帝京大学板橋キャンパスも最寄り駅は十条駅。さらに駅の東側はかなり平地が広がっているので自転車で買い物に来るのも極めて楽なはずだ。

そんな激安スポットとしての十条銀座に比べて、東十条駅周辺は商店街も少ないし店も少なくてショボイと思われているフシがある。だが、超激安のインパクトには劣るが、東十条駅周辺は決して買い物が不便な街などではない。

十条銀座周辺に欠けているもの、それは、スーパーの数である。もはや夕方5時で会社は終わって帰るみたいなライフスタイルが存在しない時代。午後8時も過ぎれば次々と店じまいする商店街を利用することが叶わない人は数限りない。そんな世の中にも拘わらず十条駅には駅前にスーパーがなく、インパクトに欠ける。かつて十条は長崎屋の巨大な店舗が（それでも当初計画が大きすぎて商店街の反発を呼んで縮小したという逸話）あったのだが撤退してしまったのである。

対する東十条駅も、さほどスーパーが充実しているわけではないと思いきや深夜まで営業している店舗があるため、十条の人までもが「東十条はスーパーが便利」という思いを抱くに至っている。今は激安で評判の商店街も将来は危ういのかもしれない。

再開発で間もなく終わるのか　十条の将来像はまったく未定

雑多な住人。通勤通学者を飲み込んで多面体的に営まれてきた十条。そんな街で赤羽を凌駕する昭和感はひとつの魅力になってきた。しかし、その十条も大きく姿を変えようとしている。もっとも変わる要素を秘めているのは、まず東十条駅の東側だろう。ここには日本製紙の巨大な倉庫が存在したのだが、2014年に売却され大規模マンションとして生まれ変わった。元が超巨大な敷地だったために、その規模もスゴイ。まず2017年までに451戸分のマンションを建設。さらに2018年には418戸のマンションが。これに加えて老人ホームや保育園、店舗や賃貸マンションなども整備されてきた。つまり、東十条駅と王子神谷駅の間に、新たに巨大な街が登場したことになるのだ。足立区のディープな下町であった西新井が、巨大マンション群の誕生後にジワジワと小洒落た郊外都市になっているように、東十条も大きな変貌をとげつつあるのだ。

さらに、永遠に変わらなそうだった十条駅周辺でも再開発の動きが進んでいる。まず、JRが進めているのは埼京線を高架化する計画。2015年2月に発表された計画では埼京線の十条駅前後に高架を建設し、現在6カ所ある踏切を撤去する予定だ。これが完成すれば、十条駅も高架駅になることになる。そして、これを見越して十条駅周辺の再開発も計画されているのだ。現在明らかになっている計画では十条駅西口広場の前に540戸が入居するタワーマンションが建設される予定だ。計画では完成予定は2021年となっている。別の再開発計画では木造住宅の密集による災害の拡大を防ぐために道路拡張や新設も進められているという。しかし、十条駅周辺では、これらの再開発に反対する声が根強い。あちこちには、再開発に反対する旗が立ち、道路予定地とされる住居には工事関係者の訪問を断る張り紙も。

防災を重視するか。画一的な街が誕生する原因となる再開発を防ぐか。都心へのアクセスもよく発展が見込まれる十条周辺だが、その10年後、20年後の将来像はまったくみえないのだ。

昭和の時代から変化がないことが魅力だった十条。しかしそれもいつまで変わらずにいられるのか。今後の変貌に注視する必要がある

【王子】王子製紙の残香と飛鳥山のコントラスト

王子の由来は知っておきたい！

北区といえば王子である。昨今は赤羽やら十条やらの存在感が増しに増してきているおかげで王子の相対的地位は低下気味だが、７００年以上の歴史を誇ることができるのは、北区では王子くらいなものである。

王子という地名は、鎌倉時代から伝わっている。平安後期からこの地を支配した武士団豊島氏が、熊野若一王子を勧請し、現在の王子神社ができたことに始まる。これにちなんで命名された王子村が、直接の祖先にあたるわけだ。

この豊島氏。かなりの名門である。豊島氏は関東平氏のトップランカー、秩父一族の出身。秩父一門といえば、源平合戦で活躍した畠山重忠が有名だが、当時の当主、豊島清光、清重親子も鎌倉軍の主力として活躍した有力武将だ。豊島氏の本拠地である平塚城は、現在上中里にある平塚神社の場所にあった。つまり、誇り高き「豊島」の名は、本来北区にこそふさわしいのである。現在の豊島区民が隆盛を誇る池袋をタテに北区を馬鹿にしようモノなら、鼻で笑ってやろう。豊島氏の分家筋には、赤塚、志村、板橋、練馬など今も地名として伝わる家があり、要は北区がこの一帯の支配者だったわけである。板橋、豊島、練馬区民は総じて北区の家来筋なので、顎で使ってやろうではないか。豊島氏は戦国時代に没落してしまうが、子孫は幕府の旗本として生き抜いた。

王子が街として本格的な発展を遂げたのは江戸時代だ。江戸を出発点に整備された街道網の内、日光御成街道が王子を通り、八代将軍吉宗が飛鳥山に桜を植えたことで行楽地として繁栄。王子稲荷が東日本の稲荷神社の中でもトップランクの権威を誇っていたこともあり、桜見物と稲荷参拝に、多くの人が押し寄せたのである。石神井川から引かれた音無川（今の線路沿い）の周辺には、立派な茶屋があったりした賑やかで美しい街だったのだ。

明治維新を迎えると、今度は豊富な河川を活かしてまず紡績工場が進出。次いで王子製紙など化学工場が集中し、行楽客に替わり多数の労働者がやってきた。王子の街は、正味200年にわたって、この地域最大の街の地位を保っていたのである。

ごちゃごちゃな街と飛鳥山の迷走具合

さて、そんな北区、というよりむしろ東京北部の中核だった王子も、今やその栄光も昔日のモノとなっている。

象徴的なのは、すでに王子に、その繁栄を支えた工場群がほとんどなくなってしまったことだ。イメージ的に王子の象徴である王子製紙は、実は戦後の財閥解体で1949年にはすでに王子を去っている。北区には旧王子製紙の分割会社である十條製紙（現日本製紙）が残ったが、その十條工場も1973年には閉鎖。大規模な王子製紙系の工場は、とっくの昔になくなっていたのである。2014年に日本製紙北王子物流倉庫が廃止されたことで、王子製紙関連のほぼ全てが、王子の街から消え去ることになってしまった。

後に残されたのは、都市計画など何処吹く風で「空いた土地には建物を」式で無軌道に建てられた家やビルの群れである。区役所だって場当たり的に増築を繰り返したようにしかみえない建物だ。おかげで駅前からして道はこちゃごちゃ。広い土地を計画的に空けることなんかできないので、大規模な商業施設などのランドマークもできなかった。

さらに、そのぐちゃぐちゃな街を交通の大動脈である首都高と北本通りが分断。駅東側には明治通り、さらに石神井川はあるし駅の南側は広大な飛鳥山公園もある。王子の街は、どこをとっても行き来がしづらいのである。王子の街を歩いてみると、多くの人が行き交っているようにみえる。しかし、それは「動きづらい街」であるがために「人がたまってしまう」ことによる見た目のマジック。商店街の勢いはイマイチで、実際に街を歩いている人数は思ったより少ない。

だが、王子には他の街にない武器がある。江戸以来の行楽地である飛鳥山（公園）だ。飛鳥山は、「山」でありながら駅に隣接しているという好立地。八代将軍吉宗以来の花見は今も多くの人を集めている。公園内には博物館や史跡もあり、王子にとっては大変な威力を秘めた観光名所となっているのである。

ということで、飛鳥山にいってみよう。まず、行楽客を出迎えるのは「歩いても大して変わらない」極短（レール延長48メートル）のモノレール。駅のホームからもみえるこの「アスカルゴ（車両の愛称）」は何とも強烈な違和感を感じさせる。公園内には荘厳な旧渋沢庭園、渋沢史料館と同時に、中途半端に古くさい遊具も存在し、何ともカオスな印象だ。

これが上野公園や井の頭公園など、飛鳥山のライバルになり得る公園なら、もっと全体のイメージに統一感があるのだが、幸か不幸か飛鳥山はカオスである。多様性に富んでいるのは悪くないことだが、江戸と明治の息吹がアスカルゴと昭和テイストな遊具にぶちこわされている気がするのは筆者だけだろうか。飛鳥山タワー（正式にはスカイラウンジ）が残っていれば、「昭和テイストの保存」という意味合いも加わって、カオスっぷりにも「各時代の融合」といったプラスの意味が生じたのかもしれないが、とりあえず今はそれぞれの違和感がぶつかり合って得もいわれぬ安っぽさを演出してしまっている。残念だが、飛鳥山も王子のダメっぷりを補強する結果となってしまっているのである。展示されている都電の車両も野ざらしだしね。

ただの中継地？　バス網は充実

人が多いようにみえるのに、実はあまり繁栄していない王子。この見た目と実際の違いにはもうひとつ理由がある。

先ほど「街を歩く人は見た目より少ない」と書いたが、実は「王子にいる人」自体は結構多い。しかし、その多くは駅前から離れない「ただ単に乗り換えをしている」だけの人だ。

王子は、交通網の発達した北区の中でも有数のターミナルだ。ＪＲはいうに及ばず、地下鉄もバスもある。さらには都内では珍しい都電もあり、乗換駅としての規模は相当なものだ。しかしだ。このおかげで、本来なら王子で買い物をしたり食事をとったりしてもよさそうな人が、王子の街をスルーしてバスや都電で池袋に行ってしまったりするのである。この現象は、バスステーションや都電の停留所にやたらと多くの人を見かけることからもわかる。せっかく人

飛鳥山は江戸情緒でいくのか近代的な施設でいくのかはっきりして欲しいところ。2億うん千万もかけてモノレールを作ってしまった以上、近代的な雰囲気でいくしかないのだろうが……

が集まっているのに、どうにもキープ力に欠けるのが、現在の王子なのである。

返す返すも惜しい。飛鳥山があって交通の要所なのにあんまり利用されていないのが王子。潜在力の大きさに反比例しっぱなしなのはなんとかならないのだろうか。幸か不幸か王子には「文化遺産」となり得る商店街や飲み屋街が少ない。この際、ちょっと大きめの再開発を行いやすい状況にあるといえる。事実、日本製紙北王子物流倉庫跡など、工業用地にタワーマンションが建ったりし始めているが、本格的な再開発は、区役所の移転計画が具体的に動いてからだろう。当面の間、王子にはイマイチな状況が続きそうだ。

唯一残った「都電」の有力な乗換駅が王子。希少な路線なのだから、飛鳥山と合わせてもっと「観光路線」として王子の街は利用したいところだが、現状ではそのコラボ具合はまだまだというところ

王子の元祖ともいえる王子神社。王子稲荷と混同されがちだが両者は場所も中身も全く違うので要注意。ちなみに、両社共に関東の若一王子宮、稲荷の中でトップランクの格式を誇っている

【滝野川地区】北区の先進地帯
滝野川はどうなった？

文京区にも豊島区にもなれず北区になってしまった地域

瀧野川信用金庫という金融機関のおかげか東京都の北東部と埼玉県南部の人であれば、それなりに知られている滝野川という地名。今では滝野川一丁目から七丁目までの、北区のわずかな地域に過ぎない。けれども、かつては滝野川区という独立した行政区として存在した由緒ある地名だ。なにより、かつては製紙工場を中心とした工業地帯だった旧王子区とは成り立ちも違う。象徴的なのはかつての区の境界だろう。旧滝野川区の中心は、武蔵野台地の丘の上。対する王子区のほうは、武蔵野台地の下である。飛鳥山を境にブルジョアとプロレタリアートの世界に分かれている……そんな時代もあったのだ（もっとも、上中里は旧滝野川区の一部だが台地の下）。

その旧滝野川区の中心が滝野川と西ヶ原の二つの地域。ここに住む人々は元来、王子や十条といった地域に目を向けることがなかった。人々が連帯感を感じていたのは、旧本郷区（現在の文京区）や巣鴨町（現在の豊島区）である。そして、現在の文京区本駒込にあたる関東大震災前からの超高級住宅地・大和郷に連なるハイソな地帯を形成していたのである。ゆえに滝野川の人々は明治以来、南東地域と合併しようと努力をしてきた。だが、その夢は幾度も破れ1947年の北区の誕生と共に潰えた。

そんな悲しい歴史を持つゆえか、滝野川地区は北区でも下町っぽさの少ない、独特の雰囲気を放つ土地になっている。

高級住宅地と下町が融合　ヤンキーも勝ち組もいない

そんな歴史のある土地だから、ハイソな人々ばかりが住んでいるのかと思いきや、そんな雰囲気は一切ない。東京で誰もが知っている高級住宅地に、田園調布という街がある。この街は実にハイソな雰囲気の漂う街である（最近は衰退傾向だが）。やたらと大きな家は多いし、歩いている人もなんだか金持ちそうである。だが、田園調布でも絵に描いた金持ちが住んでいるのはごく一部の地域に過ぎない。大方の人は庶民クラスだし、住所が田園調布本町になると単なる住宅地……にもかかわらず、田園調布という地名がついた地域に住んでいるというだけで、なにがしかのプライドを持っているように感じることが多い。おまけに功成り名を遂げた成功者も成功を我が身で感じようと田園調布に住んだりするわけで、住民たちのプライドは加速度的に上昇しているのである。

対して、もとは明治時代から飛鳥山に居宅を築いた渋沢栄一を筆頭に、本郷通りの周囲に高級住宅地として栄えたはずの滝野川地区に、そのような妙なプライドは感じられない。そこに暮らす人々の姿は、ごくごく自然だ。

その理由は、明治以来の長い時の流れの中で高級住宅地の伝統にさまざまな要素が融合したからだ。現在の滝野川三〜四丁目あたりは、高級住宅地とはまったく異なり都営住宅、公務員宿舎などが密集する地域になっている。こうした住宅群が形成されたのは、戦後になってからで、それ以前は陸軍の滝野川工場が存在していた。また、現在は大半が公園となった東京外国語大学の跡地も戦前は海軍の火薬工場であった（東京外国語大学の前身にあたる東京外国語学校の移転は１９４０年）。府中に移転するまで、東京外大の周囲には学生向けの安アパートも数多く存在し、学生向けの店も多かった。今でも、滝野川や西ヶ原という地名に高級住宅地のイメージを重ね合わせる人は多いが、実際には労働者から学生までさまざまな人々が年月を重ねて融合してきたのが、この地域の特徴なのである。

ちなみに、戦前の陸軍滝野川工場は火薬を製造していたため、しばしば爆発事故が起きていたという。爆発事故が頻繁に起こる場所に住むなんて、この地域の人はもともとがおおらかな人々ばかりだったのだろうかとも想像できる。

スーパーはごくわずか　そもそも住む物件がない

お高くとまった人もおらず、かといってヤンキーもいない住むにはよさそうな滝野川地区。でも、東京で住むところを探すことになっても、まず候補には挙がらないマイナーな地域なのはなぜか。それは、第一に物件の少なさが挙げられる。アパートもマンションも一戸建ても、とにかく数が少ない。西ヶ原あたりには、かつては東京外大の学生向けだったと思われる物件。それらを改築したと思われるようなアパートはある。けれども、家族で住む新居を探そうとすると、物件の数はほかの地域よりも限られてくる。とりわけ、上中里駅周辺は賃貸物件が極小の地域である。新たに住居を求める困難さが滝野川地区が、昔の趣を保ち、マイナーであるゆえんなのだ。

そんな滝野川地区に住んだとして、まず問題になるのは日々の買い物だ。滝野川地区全体、西ヶ原から上中里まで共通してスーパーの数は少なくて、規模も小さい。

とりわけ上中里でも京浜東北線よりも東側の地域は、コンビニに行くのにも一苦労するような買い物不毛地帯となっている。北区は東京都内でも高齢者の増加が著しいのだが、いずれは都内なのに買い物難民が出てしまうことになりかねないかと思ってしまうほどだ。

そんな地域だが、西ヶ原周辺に限っていえば、比較的商店街が充実している。

西ヶ原商店街は、途中、豊島区側にある染井銀座商店街と接続し、さらに霜降銀座商店街へと遙か本郷通りの駒込駅付近まで一直線に商店街が延びているのである。だから、日々の買い物はある程度確保できる。また、東京国際フランス学園が移転してきたことで、周囲にフランス料理屋など、関連する店舗が増えるのじゃないかという噂もある。

ライフスタイルが生み出す北区以外のなにか思考

さて、この滝野川地区の最大の謎は「みんなどこの駅を利用しているのか？」ということだろう。地域のもっともメジャーな路線といえば、まず都電荒川線。これを使えば山手線の大塚駅まで一本で行くことができるし、池袋に通勤通学しているならば東池袋四丁目駅を利用することができる。上中里駅も京浜東北線の駅だけあって、ポテンシャルは高い。京浜東北線の東側の住民もエレベーターを使って楽に駅にたどり着くことができるので、たとえ日々の買い物は不便でも通勤通学にはかなり便利である。もっとも謎なのは西ケ原駅。地下鉄南北線の単独駅であるわけだが、隣は山手線の駒込駅。さらに先に進めばターミナルである飯田橋駅にも至るので、不便な駅ではないはず。でも、2017年度の一日平均乗降人数はわずかに8523人。王子神谷駅の3万5406人に比べると明らかに少ない。そもそもが、周囲の人口が少ないし、歩いてでもこの駅を利用しようと思う人が少ないことがわかる。だが、地図を見ても明らかに都電を除けば駅まで徒歩10分、15分以上を余儀なくされる地域が目立つ滝野川地区の人々は、普段はどこの駅に向かっているのか。

さまざまな調査をしてみたが、やはり多いのは山手線の駒込駅か巣鴨駅まで遠くても徒歩で通勤通学する人々である。都電は通学ならいざしらず通勤には不便。なぜなら、平日の大塚駅前発の荒川車庫前行き最終電車は23時17分の出発である。その前の22時台も1時間に5本しか走っていない。通勤定期は1カ月7240円（全線乗り降り自由で一律制）と微妙な値段設定だけど、残業が続くようだとドブに捨てる金になりそうでもったいない。

結局、混雑する電車に乗るよりは歩いたほうが楽と考え、15分あまりをかけて巣鴨駅や駒込駅へと向かう人が多いのだ。こうした人々は北区への帰属意識

かつては東京外国語大学があって多くの学生が西ヶ原に通っていたが、2002年にキャンパスが去り、跡地は公園となっている

を持たない。巣鴨や駒込と一体化した未完の駒込地域に所属しているという意識を育んでいくのである。

もともと関係が深かった文京区や豊島区の一部になりたい、という滝野川地区の夢はもはや実現する見込みもない。しかし、滝野川住民たちのライフスタイルは今も変わらず「北区以外のなにか」というもの。いわゆる下町チックな赤羽だけを見ていたら、まったく見えない北区がここには存在しているのである。

かつての滝野川ブランドの痕跡は残り少ない。かろうじていくつかの企業がその名を残しているが、知名度はかなり低下してしまった

都電停留所がある西ヶ原四丁目。外語大があった影響か、有名な和菓子屋があったりして周囲には戦前から続くハイソな雰囲気が残る

【田端】アップダウンの激しい鉄道の街が持つ特殊性

幾重にも隔てられるふたつの田端と北区

田端は北区の中でも非常に特殊な地域である。田端が北区か、といわれると、他の地域の北区民にとって、田端は紛れもなく北区である。しかし、田端民は微妙な感覚になるだろう。

まず、地形的に田端は特殊だ。田端の「本場」は、江戸時代から続く「田端町」。田端駅の西側一帯だ。田端最大の商店街である田端銀座も駅からはかなり離れた場所にある。この田端町は、田端駅、西日暮里駅、駒込駅を結ぶ三角地帯。これだけでもわかるように、北区というよりも駒込エリアである。江戸時代は上野寛永寺の寺領が多かったエリアで、まあ要するに王子以北のイナカエリアに対し、こっちは江戸市内の意識が強いアーバンエリアな旧滝野川区の一画ということだ。

そしてもうひとつ田端は存在する。鉄道路線の東側に広がる田端新町や東田端だ。この田端と東田端・田端新町がかなりの断崖絶壁で隔てられている。もうわかりやすいくらいの山の手と下町だ。

現在の線路は、音無川という河川とほぼ同じルート。つまり、崖と川に隔てられており、非常に行き来がしづらかったのである。江戸時代の地図をみると、音無川（線路）の東側は田畑が多く、都市化が比較的早かった駒込エリアに直結する山の手側とは雰囲気が大きく異なっていたようだ。

この東西の違いがさらに拡大されたのが近代以降。北へ向かう街道の通る北区に、北関東・東北へ向かう鉄道路線が引かれたのは必然というべきだが、そのルート設定は当時の事情を反映したものとなった。当時の列車は当然蒸気機関車。煙をもくもくと吐きながら騒音をまき散らす存在だ。当然、都市化の進んでいた「駒込」エリアは街中への路線敷設に難色。国鉄（とその前身）にとっても長距離路線を見越したこのエリアの線路が街中を走る必然性は低く、結局街外れの崖に沿うように線路が敷かれることになった。鉄道の拠点である上野から近く、田畑の多かった田端（というか東田端・田端新町）エリアは鉄道基地を築くのに都合がよい。そういった事情で、田端駅はどんどんとその規模を拡大し、田端の崖下エリアは一時ほとんど全部線路になってしまったのである。

蒸気機関からディーゼル・電気鉄道へ時代が移り、石炭や水を積み込む大規模な施設が必要なくなっても、田端の大部分が線路であることに変わりはなかった。新幹線が通り、巨大な線路が東西を分断する構造は全く変化していない。音無川にはフタがされ暗渠化されたが、代わりに巨大な線路が。かえって「川幅」が広がったようなものだ。崖と合わせて今も「境界線」はなくなっていないのである。線路周辺にはＪＲの施設が多く、これら巨大な建物群も、東西を分断する印象を強くしている。

住民構造も違う東西の田端

「山の手」の田端と、田端新町や東田端などの東側、つまり崖下の「下町」エリアは、実際かなり雰囲気が違う。東西を隔てる崖の「断絶力」は相当なものだ。

まず、成り立ちからして相当に違う。江戸時代より以前、崖下のエリアはそもそもろくに人が住まない土地だった。これが江戸時代に市街地となったわけだが、大規模な埋め立てや干拓によってできた土地なだけに、やはり不安があったのか庶民の居住区となった。これが中央区、千代田区、台東区などを中心とする「江戸の下町」だ。支配層である武士などの居住区は、もう少し西側の関東台地の上。つまり「山の手」となった。

田端の街も同様だ。山の手側は前述の通り寺領が多く、下町は農家という構造だった。時代が進み、市街地が拡大すると農地は住宅地へと変わっていくが、やはり山の手はお金持ちで下町は庶民の土地で変わらなかったのである。

それを象徴するのは「田端文士村」の存在だ。明治から大正にかけてこのエリアには芥川龍之介、菊池寛など高名な文士が数多く住んでいたが、彼らの住居は「ことごとく山の手側」。要するに、寺社領以来の「閑静な高級住宅地」に集まってきたわけだ。普通の住民も、良好な鉄道事情を反映してサラリーマン層が多い。団地は少なく、一戸建てが中心であったために、やはりある程度の富裕層が中心であった。対して下町側は、鉄道が近いこともあって問屋街ができるなど、もう本当に「ザ・下町」であった。これら下町の住民は、通勤をするよりも自宅や近所で仕事をするスタイルが多かった。また、山の手にはない団地もあり、収入、学歴などの「格差」も顕著だった歴史がある。要は、ライフスタイル自体が、かなり違っていたのである。

ここから現在に至るまで続いているのが、田端町と田端新町・東田端の「人種構造」の違いだ。必然的に、西はおとなしく、東は元気がよいという色分けができる。この断絶はかなり根が深い。特に戦後期は、このエリアの公立中学校が田端中、新町中に分割されたため、山の手と下町の子供が関係を持つ確率が非常に低下。そもそも関わりが薄いのに、学校まで違ってしまってはもう完全に断絶である。その上、田端駅周辺はご存じの通りそれほど発展していないので、このエリアの子供は「遊びに行く」となると、基本的に上野へ行くことになり、地元にたまり場ができることはない。近隣の子供たちが駅の周りで出会う確率ですら、少なかったのだ。

新築マンションの増加で田端の街は変わるのか

さて、崖の上下で「世界が違う」田端であるが、その格差も過去のものとなりつつある。田端の街は、今再開発の真っ最中だ。

などといいきってしまうとかなり弊害があるのだが、実態としては「再開発」されている。山の手側、下町側ともに、近年中・高層マンション建設が盛んなのである。もともと3～5人程度が住んでいた一戸建てがマンションになるということは、新規の住民が数多くやってくるということだ。これにより、これまで個性がはっきり分かれていた東西も、だいぶ「薄まる」ことになるかもしれない。実際、昭和の時代に隆盛を誇った問屋街は縮小し、いかにも下町然とした職人テイストはかなり失われている。また、前述の中学校も、2008年に再び田端中学校へ統合されたので、「育つルートが分断」されることもなくなった。

ではあるが、問題がないわけでもない。この「再開発」は行政などの地域ぐるみのモノではなく、空いた土地にポコポコマンションが建っているというものだ。いわば自然の変化である。本来、まちづくりというものはこうした「自然発生」にまかせた方が住民の需要を上手く満たしてくれるものなのだが、悪い方の目が出ることもある。田端の場合、今のところ微妙な感じだ。商店街はマンションにより「虫食い」状態になり、生活用品を購入したり飲食をするのが難しくなってきている。本来であればこれを避けるために行政が介入するのだが、田端の整備計画をみると崖による高低差を何とかするのに精一杯で、まちづくりにまで手が回っていないというのが現状だ。

そもそも、田端は駒込や西日暮里に「住民をとられていた」土地だ。しかし、新住民の増加によって田端が新しい変化を遂げる可能性がでてきている。どうせなら、より魅力的な変化となってほしいものではないか。今のままでは、どこにいっても同じようなものをアトレで買うくらいしかできない街になってしまう。

とりあえず公表されている田端駅周辺の整備計画は、崖にエレベーターを設置するなどのバリアフリー化、駐輪場の整備、田端台公園の改修工事などだ。この中で注目したいのは田端台公園。この公園は田端駅の南口から続く場所に

かつて広めの家が多かった山の手側は、マンションや小規模の分譲住宅が増加中。山手線駅エリアにしては安価で、新築マンション価格は平米単価で豊洲などより1～2割程度安い

ある。かつて田端駅南口は、文士たちから親しみを込めて「裏口」と呼ばれた風情のある場所だった。それが今は「寂れてどうしようもない」という意味で「裏口」といわれている。せっかく「裏口」側にある公園を整備するのだから、そのあたりも意識して進めてもらえないものだろうか。

※　※　※

北区唯一の山手線の駅としてポテンシャルのある田端駅だが、今後も発展は見られそうにない。家賃も比較的抑えられており単身者の居住は増えている一方で、ファミリー向けの物件が少ないからだ。要は、単に寝るために住

古い街並みもかなり多く残っているのが田端。特に新町・東田端などではそれが顕著。かつて営業していた個人店や問屋などはかなり減り、現状ではちょっと寂しい街並みになっている場所も多い

む街以上の価値を持てない状態が持続しているのである。２０２０年の東京オリンピックを契機として23区各地では再開発も盛んに行われているが、田端駅周辺では、具体的な再開発がまったく行われていない。前項に記した駅周辺の整備以上のものは、今後も行われる見通しはない。ひとまず、ふれあい橋にエレベーターを設置して便利になったからいいかという感じになっている。この整備で建設された、駐輪場が住民から評価されているところをみると、駅周辺は変わらず少し離れた地域で再開発が進んでいく現象が見られることになりそうだ。

北区コラム 1

北区があまり重視していない王子新道とは

北区の歴史を語るときに、思い出したいのが王子新道。板橋区の仲宿商店街あたりから王子本町へと抜ける道である。この道はかつての下十条村と滝野川村の境あたりを走っている道である。しかし、この道の歴史は意外に新しく開道されたのは明治時代になってからである。

江戸時代まで、現在の23区北部の幹線になっていたのは現在の板橋区を走っている中山道であった。ところが、その幹線としての価値は明治時代になってから急速に低下する。1883年に日本鉄道が上野駅~熊谷駅間を開通し、それにともない王子駅が開業したからだ。交通手段が鉄道へとシフトしたことで、それまで中心地であった中山道の板橋宿は一気に街外れへと転落してしまったのだ。おまけに1884年には板橋宿は大火もあって、どんどん衰退が始まる。

一方の王子駅周辺は、当時最先端の巨大な工場地帯へと変貌をしていた。そ

うなると工場へ出勤する人、ものを売り買いする人も大勢行き来する。当時は王子駅しかこの近辺に鉄道駅がないわけで、板橋宿あたりまでが、すべて駅の利用圏内。従来の道路では交通は極めて不便になっていた。そこで、新たに建設されたのが王子新道だったのである。

現在の王子新道は、区役所通りを王子本町交番前から分岐して、板橋宿方面へ通じているが、これは区役所通りができてからのこと。かつては交番から東へ伸びる権現坂も含めて王子新道と呼ばれていた時代もあるそうだ。

ともあれ、幹線からは外れるし火事にはなるしで大変だった板橋宿にとっては、新たな食い扶持へと誘ってくれる重要な道だった王子新道。そういう経緯もあってか、今でもこの道を重要視しているのは板橋区のほうである。

板橋区の場合は、今では商店街を中心にした観光地としても注目されている板橋宿から分岐していることもあってか、街歩きの話題に王子新道がたびたび登場する。対して、北区ではどうかといえば、ほとんどが住宅地であるし、特にみるべき風景もないためか話題にされることも少ない。

北区では「歩きたくなるまち」というキャッチコピーで観光協会がサイトを立ち上げているのだが、ここでも王子新道は無視。板橋宿方面へと歩くモデルコースも紹介はされているが、王子新道ではなく音無川に沿って歩くルートを推奨している。音無川沿いを歩くこのルートは、間違いなく23区とは思えない風景が広がるスポット。こっちがメインにされてしまうのは、致し方ない。

それでも、王子新道は北区が工場群によって栄えたかつての歴史を示す重要な道である。今では地元民ですら歴史を知らずにただ利用しているにすぎないだろうが、たまにはその価値を思い出してもいいのではなかろうか。新道は、さくら新道ばかりじゃないぞ……と。

第2章
安い！　近い！　賢い？
意外に高かった北区の実力

工業の郊外都市北区はなぜ住宅地になったのか

シンプルスタイルが北区の伝統だった！

どうにもイメージがつかみづらい北区。しかし、その歴史をみると、実は北区ってものすごく単純な街だったことがわかる。

北区が本格的に「人が住む土地」となったのは、江戸時代からだ。王子以北は完全な江戸市外だが、すぐ近くの農村なだけに、飛鳥山の花見や王子での滝浴など、行楽地として人気を集めていた。

これが大きく変化したのは明治以降。多数の河川を抱える北区は農村から一大工業地帯へと変貌した。当時の日本のお家芸であった紡績や今もトップランカーたる王子製紙を筆頭とする製紙業が北区を席巻。おかげで特産品だったゴボウや人参はほぼ絶滅の憂き目にあってしまった。

また、１８８７年に陸軍第一師団工兵大隊が北区に設置されたことに始まる軍事施設の増加により、街は大きな変化を遂げた。現在の北区立中央図書館は、当時の建物を一部利用しており、その雰囲気を感じることができる。工業と軍があるからには、兵隊や製品を運ぶために鉄道もやってくるわけで、のどかな行楽地だった北区は、今度は鉄と蒸気の街になった。まさに対極から対極への変貌。ひとつの機能に特化しすぎである。

このシンプルさ具合は戦後も続き、不要になった軍事施設の跡地はまとめてマンモス団地へと変化していった。桐ヶ丘団地や赤羽台団地はその代表である。これは、戦後急速に増加した東京の人口を収容するためにとられた措置である。その後、地価の上昇とともに工場は徐々に郊外へ移転していった。これにより、また広い土地が余るのでそこにはさらなる巨大団地が作られていく。このような経緯によって、明治以降鉄と蒸気の街になっていた北区が、今度は人の群れとコンクリートの住宅地へと変容した。二度にわたり、北区は過去を完全に消し去ったのである。

北区の歴史年表

年	できごと
約3万年前	赤羽台に石器を使う人類が生息
弥生時代後期	方形周溝墓が造られる
古墳時代	隅田川沿いの低地集落で銅鏡やガラス小玉鋳型が使われる。 赤羽台古墳群、十条台古墳群、飛鳥山古墳群などが作られる
7世紀後半～ 9世紀後半	西ヶ原に武蔵国豊島郡衙が創設。律令国家の支配下におかれる
1023	秩父平氏の一族である秩父武常、武蔵介藤原真枝を討った功により武蔵国豊島郡、下総国葛飾郡葛西を領地とする。 この時、豊島氏(葛西氏)を称するようになる
1322	豊島氏により王子神社が再興される
1477	豊島氏宗家、沼袋、江古田で太田道灌に敗れ滅亡
1617	徳川秀忠が日光御成街道を通って初めての日光社参
1634	江戸幕府が王子権現社、王子稲荷社、別当金輪寺を造営
1720	徳川吉宗が飛鳥山に桜を植樹
1789	王子稲荷の参詣が流行
1854～59	名主畑野孫八が名主の滝を開く
1864	滝野川村に反射炉が建設
1868	田端、中里、上中里、西ケ原、滝野川村が東京府へ編入
1869	船方村、堀之内村が小菅県から東京府へ
1871	王子、豊島、十条、岩淵本宿、赤羽、袋、稲付、下、神谷村が東京府へ編入
1872	滝野川村の鹿島紡績所が操業を開始
1876	大蔵省抄紙部王子工場が操業を開始
1883	王子駅開設
1885	赤羽駅開設
1887	赤羽台に近衛工兵第一大隊が移転
1911	都電荒川線の前身である王子電気軌道、飛鳥山上、大塚間に開通
1923	関東大震災で避難してきた人々の移住が始まる
1932	東京市に岩淵、王子両町が合併した王子区と滝野川区が発足
1945	王子区の約43%、滝野川区の約78%が戦災により焼失
1947	王子区、滝野川区が合併し北区発足
1954	都営桐ヶ丘団地の建設開始
1965	環状七号線開通
1971	区内の米軍接取地が全て返還される
1985	東北・上越新幹線、埼京線開業
1991	地下鉄南北線開通

※各種資料より作成

伝統を捨てすぎてイメージが希薄に

この大変化の繰り返しが北区が「イメージが薄い」といわれる原因なのではないだろうか。今の北区は「単に人が住んでいるだけ」の街だ。まあ東京なんて都心を除けば全部が全部「人が住んでいるだけ」の街みたいなものだが、それでも練馬の大根やら東京湾の江戸前といわれる海産物やらといった「伝統の特産」はある。お隣の足立や板橋だって宿場町の伝統がある。いや、北区だって岩淵が古くからの宿場町だったのだが、鉄道の都合やらで北部の中心をもともと何もなかった赤羽へ完全に移してしまった。工業都市の影ですら、もうほとんど残ってはいない。

普通、変わるにしてももう少し穏やかにいくものだ。上着は替えるけどシャツは同じ、という段階を踏むわけだ。しかし、北区の場合はいきなり全裸になって一式総取り替えという感じ。街のイメージとは、なんだかんだいっても歴史の重みが必要だ。

ただ、そうはいっても探せば歴史の名残はみつけることができる。農産物はほぼ絶滅してしまったが、飛鳥山の行楽は今も盛んだし、「紙」の伝統は国立印刷局や中堅の印刷会社に残っている。小規模だが自衛隊もいるのである。

問題なのは、これらを「我が街の伝統」としてアピールしきれなかったことにあるだろう。岩淵宿をほったらかしにしてしまったのはその象徴だ。

今、北区はイメージの薄さを解消すべく対策を取りだした。現存する北区の「売り」になるものといえば、赤羽や十条の商店街や飲食店街などだろう。岩淵の商店街に関しては、現状で相当強力なものが多いのでとりあえずそのままでいいとして、宿場町や王子茶屋は江戸時代の建物などの再現を伴う。本当の「江戸情緒」とはキレイな川や水路とワンセットなので、こちらは暗渠を開けたり水質改善をしたりと大変そうだ。ただ、一部分でもキレイな川を復活させることができれば、確実に観光名所となり得る。東京オリンピックを控え、外国人観光客の増加が見込まれる今、「水の都江戸」の復活は大きな効果が見込めるだろう。

路線は多いが接続は微妙な北区のインフラ事情

この不思議な不便さの正体は？

北区は鉄道の街である。ＪＲの駅数は10もあり、これは23区トップ。丸の内、副都心という2大拠点への直通ルートがあり、転職で職場が東京から新宿に変わったけど通勤事情は変化しない、といった便利な土地である。と、カタログスペック上は非常に優秀なのだが、実際に北区で生活をすると微妙な不便さを感じてしまうこともあるようだ。

まず、京浜東北線と埼京線が赤羽より南では微妙な距離感で併走していることが挙げられる。十条、東十条の関係はその典型といえるだろう。

また、南北線によってカバーされた、かつての交通不毛地帯東部地域も微妙な状態だ。岩淵、志茂、神谷の各地域の買い物拠点は距離的にも赤羽や十条である。が、南北線は王子から伸びているのだ。夕飯の買い出しに王子で一時下車するような人は少数派だろうから、鉄道は通っても、相変わらず東部住民はイマイチ不便な状況にさらされたままだ。

結局、北区的には埼京線と京浜東北線が北の赤羽で分岐してしまっているのが痛いのだ。十条駅の西側に住んでいる人が市ヶ谷のオフィスに通勤するとしよう。この場合、ルートはふたつ。おとなしく東十条まで歩いて王子から南北線というルート。しかしこれでは十条、東十条間にある急坂を通過しなければならず、毎朝歩くのは億劫だ。では、意地でも最寄りの十条駅から乗車しようと思うと、赤羽まで一旦引き返して京浜東北線に乗るというルートとなる。普通、人はそんな面倒なことはしない。結局、一旦新宿まで出て総武線に乗り換えか、池袋から有楽町線というルートが最もストレスの少ないものになる。新宿の埼京線、総武線乗り換えは駅構内の端から端。池袋の地下鉄乗換事情もはっきりいって劣悪だ。せっかく永田町方面への直通ルートがあるのに、遠回りで乗り換えのあるルートの方が楽というのが現実だ。もし、ターミナル駅が都心に近い南部にあり、そこから放射線状に各路線が延びていればこんなことにはならなかっただろうが。

さて、ここまでみてきて感じないだろうか。「贅沢なことをいってていやがる」と。そうなのだ。こうしてブツブツと文句をいってみたが、それでも他の地域に比べれば北区の鉄道網は圧倒的なのである。要は、これだけの路線がありながら、かゆいところに手が届いていないがために、実際は早くて近いルートであっても、精神的には遠くなってしまうのだ。

この充実はしているのに不便さを感じさせてしまう北区のインフラ。その悪癖は道路網にもある。

北区の道路事情は相当悪い。首都高、環七、明治通りなど、東京の主要路は走っているが、実際に区民の動脈たり得るのは環七と北本通りくらいだろう。明治通りは田端をかすめている程度だし、首都高の出入り口は、最近できたばかりだ。鉄道以上に、カタログデータ上の「充実っぷり」と実態がかけ離れているのだ。

その上、主要道路以外の道は細く曲がりくねっており、かなり運転のしづら

JRの主要路線に地下鉄まで通り、東京にも上野にも新宿にも直結している北区。それなのになぜか微妙な「不便感」が存在している

い土地だ。その結果か、北区では自家用車の数が妙に少ない。そもそも北区民は車を運転しようとは思わないのだ。そう考えれば、別にいまさら大きな道なんて作らなくてもいい、というのが北区民のホンネなのかもしれない。最終的に最も便利なのは自転車と鉄道のコンビネーションなのが北区スタイルなのだ。

実際、北区で新規の道路整備計画などが話題になると「○○議員の点数稼ぎなだけで別にいらん」などというひそひそ話が聞こえてくる。まあ確かに、そういうのが事実の場合もあるんだろうなあ。

北区の主な鉄道路線 MAP

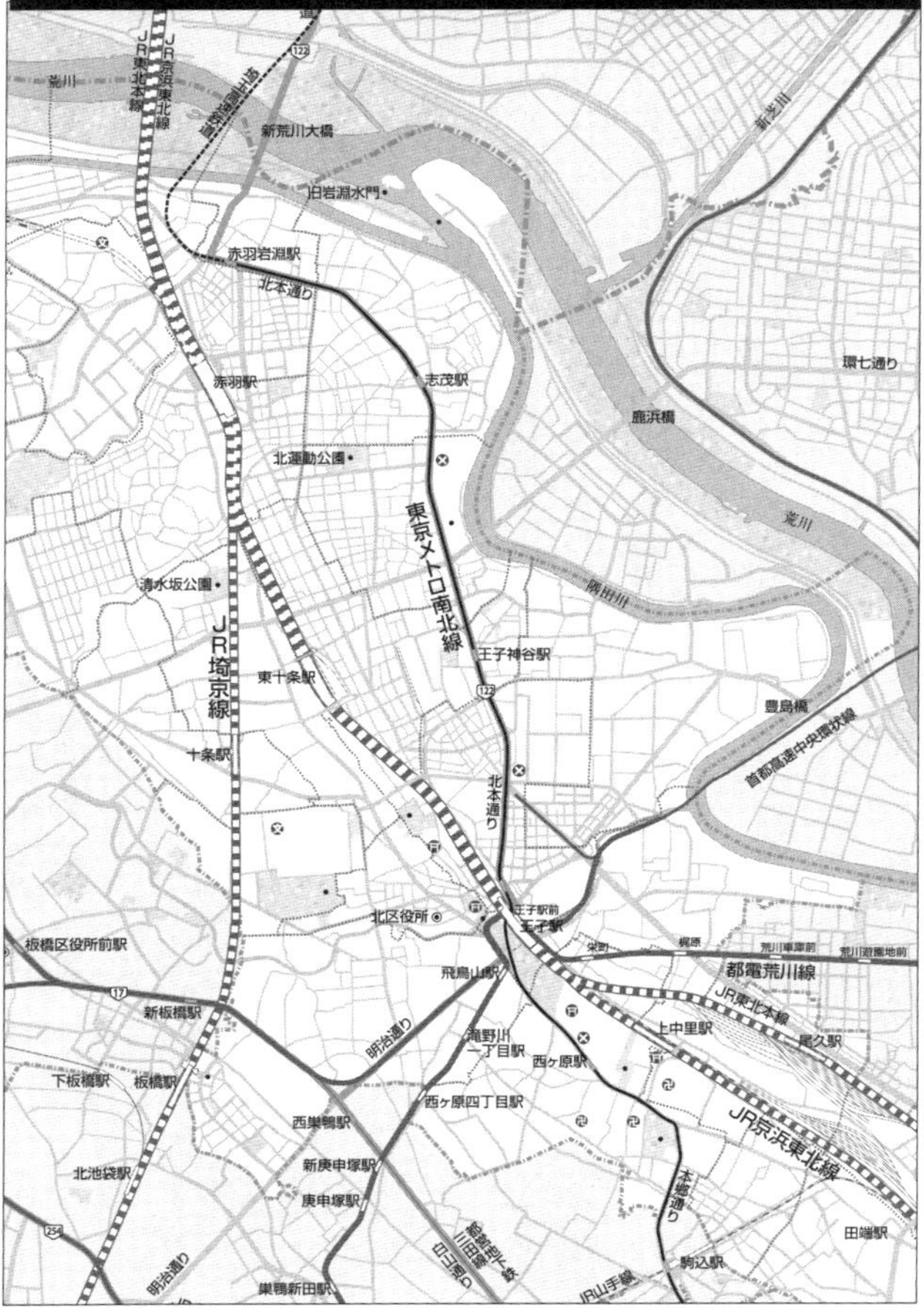

文士村の伝統は滅びたのか生き残っているのか

なぜ田端だったのか決め手は「位置」

北区には「文化都市」としての歴史がある。その象徴が田端文士村だ。明治の終わりから昭和の初め。田端の街には著名な作家、芸術家、ジャーナリストなどが多く住んでいた。その筆頭は芥川龍之介や室生犀星など。彼らは近所なのをいいことにお互いの家（下宿）を頻繁に訪れたり、遊びに行ったりという交流を盛んに行った。

と書くと、現代の感覚ではその「意味」がわかりづらいかもしれない。要は、今ならSNSのグループを作って、「○○読了。めっちゃ面白かった」とか「新発見の焼き鳥屋に突入。コストパフォーマンスよすぎ。今度みんなで来よう」

主な田端文士（文筆関連）

名前（ペンネーム）	生没年	ジャンル
芥川 龍之介	1892～1927	小説家
太田 水穂	1876～1955	歌人・国文学者
岡倉 天心	1862～1913	思想家・美術評論家
押川 春浪	1876～1914	冒険小説家
尾山 篤二郎	1889～1963	歌人・国文学者
鹿島 龍蔵	1880～1954	実業家
片山 潜	1859～1933	社会運動家
川口 松太郎	1899～1985	小説家・劇作家
菊池 寛	1888～1948	小説家・劇作家
北原 大輔	1889～1951	美術評論家・画家
葛巻 義敏	1909～1985	小説家・評論家
窪川 鶴次郎	1903～1974	詩人・評論家
小林 秀雄	1902～1983	評論家
五味 保義	1901～1982	歌人
斎藤 佐次郎	1893～1983	編集者・実業家
サトウ ハチロー	1903～1973	詩人・小説家
四賀 光子	1885～1976	歌人
下島 勲	1870～1947	医師・書家
田河 水泡	1899～1989	漫画家
瀧井 孝作	1894～1984	俳人・小説家
竹久 夢二	1884～1934	画家・詩人
多田 不二	1893～1968	詩人
土屋 文明	1890～1990	歌人
直木 三十五	1891～1934	小説家
中野 重治	1902～1979	小説家・詩人
野口 雨情	1882～1945	詩人
野間 清治	1878～1938	実業家
野村 万蔵	1898～1978	狂言師
萩原 朔太郎	1886～1942	詩人
林 古渓	1875～1947	歌人・国文漢文学者
林 きむ子	1884～1967	舞踊家
林 芙美子	1903～1951	小説家
針重 敬喜	1885～1952	編集者・テニス選手
平木 二六	1903～1984	詩人・俳人
平田 禿木	1873～1943	英文学者・随筆家
平塚 らいてう	1886～1971	社会運動家・評論家
福士 幸次郎	1889～1946	詩人
二葉亭 四迷	1864～1909	小説家・翻訳家
堀 辰雄	1904～1953	小説家
村上 元三	1910～2006	小説家
室生 犀星	1889～1962	詩人・小説家
森 房子	1886～1963	歌人

※田端文士村記念館発表資料より作成

など書きまくっていたようなものだ。当時は電話もまだそれほど普及しておらず、手紙が届くまで待ちきれないなら近くに住んでしまえ、という意味合いもあったことだろう。

ではなぜその舞台が田端だったのだろうか。観光案内風に書けば、「都心から離れた閑静な住宅街は創作活動にうってつけで」というようなものになるだろうが（それもないとはいえないけど）、最大の要因は「位置関係」だ。

重要なのは東京大学と東京藝術大学。東大は本郷、芸大は上野にある。当時の文士は基本的にエリート層が多かったので、これら「一流大学」に通っていたり、そのOBだったりする。要は、本郷にも上野にも近い「アパート」地帯が田端であった、というのが最大の要因。ついでにいえば、有力な出版社が集まる神保町にも山手線（最寄り駅は神田か御茶ノ水）で一本だ。学生時代から慣れ親しんでいて、「取引先」にも直通の田端に相変わらず暮らしている芥川がいて、彼と交流したい他の文士が集まってきた、というようなケースが文士村創設の真相である。で、その田端には、まだ音無川もふさがれていなかったし、景色もよくて暮らしやすかった。いってしまえばそれだけである。ちょっと拍子抜けだが、人の集まる「場」ができる原因などこんなものだ。現在、文士村的なものといえば、練馬を中心とした一帯にアニメ制作会社や漫画家が固まっているが、これも東映のスタジオが「ド田舎で安かった」練馬に敷地をもっていたことが大きい。いつの時代も、その土地に何か特別な力があって「○○村」が生まれるということは、軍事や産業と違ってあまりないのである。

継承できなかった文士村の伝統

とはいえ、一度文士村ができてしまえば話は違う。彼らの通う書店や喫茶店などが「聖地化」していく現象はかなり昔からあるものだ。しかし、田端はこれがうまくいかなかった。田端文士村が衰えたのは芥川龍之介の死後であるが、それ以前に衰退は始まっていた。関東大震災による、都内居住区の大再編がそのトリガーである。関東大震災によって、人口の密集していた下町エリアは大損害を受けた。危険な土地に住み続ける理由はない。震災後、東京では比較的地震に強い杉並、世田谷、大田西部などの宅地化が進み、引っ越す余裕のあった人々が次々と移住した。台地ではあるが人口の密集していた田端（旧滝野川区）も大きな被害を受けた。文士たちも多くの人々と同様、徐々に田端から足が遠のく。この時期から、杉並区の阿佐ヶ谷に文士村が形成されていった。「若手の文化人には家賃の高い田端は無理」という事情もあって鉄道が通ったばかりの安くて便利な土地に若手が集まったという理由も見逃せないが、文化の中心が北区から離れていったという事実は紛れもない。さらに続いた第二次世界大戦の空襲で、さらに文士は離れていく。こうして、田端文士村はほぼ完全に消滅。都心部に比べれば被害の少なかった東京西部が、今も文化人が好んで住む土地であり続けているのに対し、田端は貧乏くじを引かされた格好なのだ。

ただ、戦後の平和が訪れてから北区が文化都市として復活できなかったのには悔いが残る。文士たちは、「都心徒歩圏内のイナカ」であった田端を愛したのだ。そうした環境をことごとく破壊してしまったことは、文士を「呼び戻せなかった」原因のひとつである。北区が本当に文化の街として復活したいのなら、大層な記念館に予算を割くよりも、景観の復活に目を向けた方がいいのかもしれない。

外語大が去りイメージ急落？北区の学力はいかに

少子化の好影響？　教育環境は良好

文士村も去り、今ではすっかり「文化的」なイメージのない北区。実際、北区民全体の高学歴率調査によると、大学・短大などの卒業者は30パーセント以上35パーセント未満。50パーセント以上は文京、目黒、杉並、世田谷、武蔵野、小金井、国分寺となっている。

首都圏だと神奈川の横浜市青葉区、川崎市麻生区、千葉の浦安市も半分以上が高学歴者だ（2010年国勢調査より）。

北区より少ないのは、23区では足立の25パーセント未満。荒川、墨田、葛飾、江戸川の30パーセント未満となっている。悪くはないがよくもないというところだろう。

全国学力調査の結果を見ても、その傾向は見える。近年では自治体別の結果が棒グラフで発表されるようになったため、具体的な順位を正確に知ることはできないのだが、実数発表時は23区で10〜15位だった。

現在のグラフを見た限りでも、少なくともトップはとっていないし著しく悪いわけでもなさそうなので、今も中位にいるとみるべきだろう。

ただ、これが上昇していく要素が多いのが北区である。まず、少子高齢化の進む北区は子供の数が少ない。おかげで公立校の統合が進んでおり、通学時間は延びたが、その分手厚い指導を受けることができるようになっている。

公立校は減ったが、その分私立校が多いため、合計すると「近所で色々選べる」という要素も含め、子供ひとりあたりの学校数は23区でも多い方だ。大ブランドであった外語大が去ってしまい、大学を軸にした「文京都市」という意味合いは薄れてしまったが、代わりに東洋大学、東京福祉大学などがやってきた。

授業の方も力が入っている。通常の担任・学科教師に加え、「学力パワーアップ非常勤講師」という制度を採用。この非常勤講師を含め、個別指導に近い体制をとっている。ただ、非常勤講師の給料が安すぎるとか、講師よりも学級経営支援員（教員のサポート役）を増やしてほしいなどの要望もある。

他にも、学習塾のトライグループと提携し、高校受験を支援する「夢サポート教室」というものもあり、一昔前の「受験にはほとんど役に立たない」公立校とはかなり違ってきているようだ。

もともと、労働者の街であった北区なだけに、親世代（特に高齢層）の学歴が控えめではあるが、これらの取り組みや、「ソコソコ結果が出ている」学力調査を見る分には、北区の教育環境は悪くはなさそうだ。

東洋大学のキャンパスがくれば、知名度の高い大学も獲得することになる。区民の学歴や子供の成績のよい世田谷区などでは、子供が増えすぎて（一部地域だけだが）、待機児童問題が起きたり大人数学級が生まれてしまっている。それに比べれば、北区は子育てには優しい街になっていくことであろう。

ただ、赤羽北部など、どんどんマンションが建ち、人口が増えている地域では、今後この体制を保てなくなる可能性はある。現状は、少子化に「頼った」

北区の学校一覧

大学	私立中学・高校
東洋大学	安部学院高等学校
東京福祉大学	桜丘中学校・高等学校
星美学園短期大学	駿台学園中学校・高等学校
東京成徳大学・短期大学	順天中学校・高等学校
公立高校	女子聖学院中学校・高等学校
東京都立赤羽商業高等学校	聖学院中学校・高等学校
東京都立飛鳥高等学校	星美学園中学校・高等学校
東京都立王子総合高等学校	成立学園中学校・高等学校
東京都立桐ケ丘高等学校	瀧野川女子学園中学校・高等学校
公立中学校	東京成徳大学中学校・高等学校
12校	東京朝鮮中高級学校
公立小学校	武蔵野中学校・高等学校
37校	私立小学校
	聖学院小学校
	星美学園小学校

※北区公式サイトより

上での良好な教育環境だという見方もできる。

そうした事態にも、今からちゃんと備えておけば、いずれ北区も高学歴、好成績地域になることができるかもしれない。油断するなよ、北区！

※　※　※

そんな北区は、教育委員会自ら「教育先進都市・北区」と称している。でも、その内実は厳しい。とりわけ問題になっているのが、公立小中学校の老朽化だ。

区立の小中学校の49校のうち、昭和30年代に建築されたものが15校。うち13校は建築後50年を経過し、多くの小中学校が建て替えまったなしの状況なのだが、限られた予算ゆえ、順番に……ということになっている。

建て替えにあたっては、大きな理想が掲げられている。まず、小学校では普通教室と多目的スペースを連続させた、オープン型の教室を採用。これは、従来の教師が板書をして行う画一的な授業よりも少人数やグループ別指導が展開しやすくなることを目指すものだ。

学校の居心地を良くする理由としては、学校でのいじめが問題化していることが考えられる。「児童・生徒の問題行動等指導上の諸問題に関する調査」では2007年に小中学校で発見されたいじめの件数は114件。うち、指導によって90・4パーセントが解消されている。これが2013年には、件数194年、解消率84・5パーセントと大幅に悪化しているのである。それでいて、公立以外の中学校への進学率は2016年時点で19・3パーセントと決して高い数字ではない。公立校の重要度が変わらない北区が、まずは環境に手をつけようと考えるのは当然のことだろう。

この安さとラインナップ なぜ北区の商店街は強い!?

商店は減少するも販売額は激増中!

さて、北区といえば商店街である。地方都市ではほとんど全ての商店街が滅び、大都市圏でも多くはスーパーにその機能を奪われている街が多い。北区の商店街が魅力的なのは、「専門店」、つまり肉屋や魚屋などがやたらと生き残っていることにある。これが北区の秘密だ。例えば、北区と同じく人出で賑わう商店街がある杉並区では、もともと食料品店や雑貨屋のあった場所はことごとく飲食店になっている。家庭用の買い出しは、高級、中級、低級とランク分けされたスーパーがあるためそちらで済ますスタイルとなって20年近くが経過している。杉並区の商店街も確かに繁盛しているが、それは商店街というよりも飲食店街として。北区のような「トラッド」とは意味合いがかなり違うのである。

ではなぜ、北区はこのような伝統的な商店街を保持できているのか。まずはデータの分析からみていこう。

直近の商業データをみると、北区の小売業は「商店数・従業員数は減少しているが、販売額は増加している」状況。散々褒めてきたが、北区も商店主の高齢化などによって個人商店が減っている。しかし、２００４年に１５７８軒あった従業員２人以下の小売店は２００７年には１３６５軒にまで減少。総数でも、１万６９９５人から１万５９７３人に減った。しかしこの間に年間販売額は26億３千万円も増加しているのである。これだけをみると「大型店ができて客がそっちに流れたんだろ」と思いがちだが、この期間に増えた従業員１００人以上の小売店はわずか１軒。99人以下の商店は全て減少しているので、バランスを考えると「生き残った店はより強くなっている」とみるべきだろう。

他にも好データがある。販売効率だ。販売効率の善し悪しを判断するには、舗面積当たりの販売額をみるとわかりやすい。２００４～２００７年の商業データをみると、北区で最も伸びているのは「食料品中心店（食料品の割合が50パーセント以上90パーセント未満の店舗）」で約56パーセントの増加。豊島区の約75パーセント増に次ぐ第2位。この項目が増加しているのは23区では7区しかない。90パーセント以上を食料品が占める「食料品専門店」は約8パーセント減だが、この2項目を合算すると北区は約24パーセント増でこれまた豊島区の約60パーセント増に次ぐ2位。合算で増加しているのは世田谷区を加えた3区だけなので、近年やたらと食料品店の売り上げが増えていることがわかる。

北区のビンボーさが強い商店街を作った

ではなぜ、北区ではこれほど普通の八百屋や魚屋が強いのか。他の地域では、個人店は価格と利便性の2点でスーパーに敗北した。個人店は「品質はいいけど高いし不便」だから、多くの人はスーパーで妥協し、それが大きな流れとなり商店街を壊滅させてきたのである。だが、北区は違う。北区の個人商店は「安くて品質がよい」のだ。特に顕著なのが惣菜部門で、北区はこの部門での売上効率が異常に高い。惣菜などは、スーパーの独壇場のはずである。企業規模からいって、普通は大量生産の効くスーパーと個人店では勝負にならない。だから高価で高品質、となるのが個人店の基本である。だが、北区では価格も品質も個人店が勝っている。

ここ数年はマンション建設の多さなどで人の移動が盛んだ。地縁、血縁のない土地に移り住んだ人は長い経験がなくては効率的に利用できない商店街の個人店よりも、安定性の高いスーパーなどのチェーン店を好む。これも各地の商店街衰退の大きな原因だが、北区にはそれが当てはまっていない。販売額が増えているということは、新たに北区へやってきた人がやたらと商店街で買い物をしているということだろう。

筆者も感じたことだが、北区の商店は「見るからによさそう」である。これは、昔からの伝統というべきだろう。戦後の北区はいわゆる「中の下」層が集まった土地だ。彼らは、品質も価格の安さも求める。純粋なビンボー人ではなく、いい意味でビンボー根性が強いのだ。この無茶な要求に応え続けたのが北区の商店街。そもそもの能力が他の街とは違いすぎるのである。

これからも油断することなく、このパワーをさらに発展させてもらいたいものだ。

※　※　※

さて、このように優秀だった北区の商店街だが、2007年まで順調に伸びていたものが、2014年調査ではドカンと落ちてしまっている。事業所の総数は2007年の2747店から2014年ではなんと1760店。1000店近くも減少してしまっているのだ。この減少のほとんどは、従業員10人未満の個人店。年間販売額もこの7年間で597億円も減ってしまっている。

これは、粘りに粘ってきた北区の商店街が、ついに時代の流れである大店舗集中に飲み込まれ、残っているのは飲食店ばかりという状況に陥ってしまったということ。また、都心部への流出も激しく、買い物需要の約38パーセントが区外に流れてしまっているというデータもある。上野東京ラインに代表されるインフラ整備の革新など、要因はいくつかあるが、さすがの北区もこれまで通りの「商店街の街」であり続けることが難しくなってきたようだ。

至高のB級テイストが全国区になったわけ

コスパが命の北区　SNS普及が決め手？

食品店のアツい北区。といっても飲食店が弱いってわけじゃない。飲食店も最強クラスである。商店街というものは、やはり販売店と飯屋・飲み屋がいいバランスで混在していてこそ。その意味でも、北区の商店街は強力である。

まず、北区のトラディショナルな飲み屋といえば「おでん」である。「北区おでんのまち推進事業」なんて大層なものがあるくらい盛んである。なぜ北区はおでんなのかというと、北区が「水の街」であることがその理由。荒川があり、石神井川など河川に恵まれた北区は、23区唯一の酒造会社があったり、豆腐が強かったりする。おでん種というのは豆腐の一種がその起源のひとつである。そんなわけで、北区はおでんの「地産地消」エリアなのである。これに、明治以降労働者の街になったという要素が重なる。安くて旨いおでんが人気を集めるのは必然だったのである。おでんは元祖Ｂ級グルメなのである。

実際、おでんの有名店は王子や十条という旧工業地帯に集中している。近年ではマンガ作品などの影響で特定の店舗が有名になっているが、それに匹敵、もしくは上回る名店が沢山存在している。

コスパ優先の傾向は現代にも受け継がれている。特に十条が有名だが、名店と目される店はみんな安い。しかも、他の街では少なくなってしまった純粋な定食屋やおにぎり屋といった店舗がバッチリ生き残っており、というか相変わらずの人気を集めている。

まず、これに目を付けたのがテレビである。幾多のランキング系番組などで北区の飲食店が紹介され、知名度を上げてきた。コストパフォーマンスの良さというのは、話題作りの上で非常に「安パイ」な要素なので、北区とテレビ番組の相性は非常によいのである。前後して、『孤独のグルメ』（久住昌之・谷口ジロー）や『東京都北区赤羽』（清野とおる）といったマンガ作品で紹介され、

『孤独のグルメ』がテレビドラマ化されたことで、赤羽ブームといえる現象が起こった。

加えて、この10年で急速に普及したソーシャルメディアの影響も見逃せないだろう。目立つところでは、ｔｗｉｔｔｅｒで多くのアクセスを集めた十条の「カレー戦争」がある。これは、専門のカレー屋ではなく、そば屋、洋食屋など「定番メニューの一部」な店から、串揚げ、焼肉、バー、お好み焼きなど、普通はカレーなど出さないような店の「隠れメニュー」的なカレーが主役。最初は地元店舗アカウント同士の雑談だったモノが「ウチの方がウマイ」的な「勝負」に発展。これが各所に飛び火し、そのまま合同イベントへと発展してしまったという、まさに悪ノリの典型である。

さて、こうやって書いてみると、実際どこにでもある話である。北区にしかない名物料理があるわけでもない（からし焼きは名物といえそうだが）。それでも、北区がB級グルメの聖地のようになっているのは、それまで「発見」されていなかっただけで、元から実力が高かったから、というだけなのだろう。最近はメジャーになってしまったことで混んでいる店が多いが、安くて旨い料理がいつもソコソコ空いている店で食える。そんなこと、北区にとっては当たり前過ぎる話なのである。

※　※　※

そんな北区のグルメブームも、いよいよ一周した感がある。とりわけ赤羽は大人の隠れ家とか週末な趣味の影響で混雑が当たり前。地元民のためのものだった居酒屋は「行列する」を超えて「入ることすら困難」の域に達してる。かくて、味のある店も観光客や軽薄なサブカル野郎の手垢のついたものに堕ちてしまっているのである。地元民と周辺の大学生によって生活感が維持されている十条はまだマシだが、赤羽は完全に終わったようにみえる。

とはいえ北区ならではのディープさはまだ健在。2018年にも赤羽ではスナックが昼間だけラーメン二郎っぽい看板を出してラーメン屋を始めたと話題に。さっそく出かけてみたのだが、看板とかメニューの色使いは完全にラーメン二郎のそれであった。こんな昭和的インチキくささで商売を始める人がいるのだから、まだ街が滅亡とはいかないのだろう。商店街の衰退が表面化した今、飲食店だけでもなんとか「保守」してほしいものだ。

出身者をみれば丸わかり！北区特有の妙な個性

北区の著名人は滝野川に集中

さて、北区民とはいかなる人々かを解明すべく、さまざまな要素から北区をみているが、ここではより直接的にその「完成形」。つまり北区出身の著名人をみてみよう。

まず、大変わかりやすい結果として、北区出身者のうち企業家や知識人に分類される人々、つまりセレブ層はことごとく滝野川や西ヶ原出身であること。小渕邸は川向こうの王子本町二丁目であるが、位置関係的には滝野川とほぼ同じ。このエリア以外出身のセレブで目立つのは、赤羽出身の渡辺滉元三和銀行頭取くらいのものだ。

滝野川といえば、出身でこそないがやはり渋沢栄一。現在の埼玉県深谷市出身の渋沢は、1861年より江戸に出て幕府に出仕。維新後も政府に残り辣腕をふるった。渋沢が現在の北区に居を構えたのは1878年。王子製紙の創立に尽力した渋沢は、その工場がみえる場所に居を構えたのである。

渋沢に続く北区のセレブといえば藤山コンツェルンの藤山雷太、愛一郎親子だ。佐賀出身の藤山雷太は、王子製紙の取締役を務めていた。この頃生まれたのが愛一郎だ。愛一郎は父の跡を継いで大日本製糖の社長を務め、後には政界に進出。残念ながら藤山家は後に白金台へ引っ越してしまうが、滝野川や王子近辺には、王子製紙に縁のあるセレブが多数住んでいたのだ。近年では、古舘伊知郎や津田大介などの論客も滝野川である。北区の「ご当地作家」の総大将である内田康夫も西ヶ原出身だ。

芸能関係でも、滝野川は「上品」系の人が多い。倍賞千恵子（生誕は巣鴨）や演歌歌手の水森かおりも滝野川である。

「荒々しそうにみえるけど案外坊ちゃん育ちじゃ〜ん」という滝野川出身者がいたりもする。最も有名なのは俳優の宍戸錠である。宍戸といえば、渡り鳥に

北区出身の著名人

藤山愛一郎	藤山コンツェルン2代目・政治家	堀内貴司	お笑い
石川一郎	日産化学工業元社長	箕輪はるか	お笑い
石川六郎	鹿島元名誉会長	イジリー岡田	タレント
渡辺滉	元三和銀行頭取	KEIGO(林圭吾)	音楽家
小渕優子	政治家	やまがたすみこ	音楽家
國弘正雄	政治家・ニュースキャスター	吉井和哉	音楽家
高橋高望	政治家	宮本浩次	音楽家
石井茂吉	写研の設立者	石森敏行	音楽家
稲岡耕二	国文学者	曽我泰久	音楽家
堀越孝一	西洋史学者	冨永義之	音楽家
山田昌弘	社会学者	水森かおり	歌手
米田利昭	歌人・日本文学研究者	中丸雄一	歌手・俳優
安部公房	小説家・劇作家	愛原実花	俳優
内田康夫	作家	オリエ津阪	俳優
北洋	作家・物理学者	林原めぐみ	声優
中井英夫	小説家・詩人	芦川いづみ	俳優
花くまゆうさく	漫画家	夏八木勲	俳優
永島慎二	漫画家	芥川比呂志	俳優
やなせたかし	絵本作家	乾貴美子	俳優
芥川也寸志	作曲家	丘みつ子	俳優
羽田健太郎	作曲家	江口洋介	俳優
中平康	映画監督	左とん平	俳優
沼田識史	現代美術家	斎藤清六	俳優
林正明	映画監督	児玉清	俳優
井原高忠	テレビディレクター	酒井宏之	俳優
大川慶次郎	競馬評論家	小池春枝	俳優
小田嶋隆	コラムニスト	深田恭子	俳優
小池清	アナウンサー	草薙幸二郎	俳優
津田大介	ジャーナリスト	倍賞千恵子	俳優
高橋英夫	評論家	北村燦來	俳優
福田和也	評論家	麻生美代子	俳優
古舘伊知郎	ジャーナリスト	桂三木助	落語家
		春風亭小朝	落語家
		立川志遊	落語家

※各種資料より作成

拳銃無頼と不良のイメージだが、その生い立ちをみると幼少期に事業を成功させた父が滝野川に転居、裕福な幼少期を送っているのだ。まあ、その後戦災でほとんど全ての財産を失い、そこからのし上がったわけだから、実際は荒々しいイメージ通りの生い立ちなのだが、元は滝野川の坊ちゃんだったというのはちょっと意外である。

『湘南爆走族』でデビューし、しばらく不良っぽいイメージ（単に当時流行ったチーマー風の長髪だったというだけなのだが）があった江口洋介は西ヶ原。江口に関しては、まあよくみれば育ちは悪くなさそうだし、そのまんまというところだろうか。

対して、無頼系となると急に赤羽の名前が増える。コラムニストの小田嶋隆や日本最大の電子掲示板『2ちゃんねる』創始者の西村博之（生誕は違うが育ちは赤羽）、林家パー子と並べられると、やはり赤羽とは恐ろしい土地だと思えてくる。林家パー子は赤羽小町に選ばれたこともある赤羽のヒロインである。

また、北区が労働者の街であったことを如実に示すエピソードもある。ザ・イエロー・モンキーの吉井和哉は旅芸人だった父が芸の道を諦め、十条付近の鉄工所に住んでいた頃に生まれたという。他の音楽関係では、エレファントカシマシのメンバーのうち3人が赤羽出身だ。全体としては「苦労して実力でのし上がった」系統の人が、赤羽や十条出身者の特徴といえそうだ。

ただ、どうも赤羽や十条出身、もしくは育ちの著名人は、どうもイメージが悪いのか、それを公言してくれない傾向がある。トップ女優のFは王子、モデルのRは岩淵出身らしいが、公式のプロフィールでは別の地名になっていることが多い。これぱっかりは出生地と育った場所、など色々な要素があるから安直に「偽装だ！」などとはいえないが、少なくとも彼女たちが義務教育を王子や岩淵で受けたのは有力だそうだ。

このように、豪腕系は赤羽・十条、セレブ系は滝野川とあまりにも色分けがはっきりする北区。本当ならば、文化の街田端には知識人が……といいたいところなのだが、前述の通り、田端の文士の伝統はほとんど崩壊している。近年では評論家の福田和也が田端出身だが、めぼしい名前は少ない。

こうして出身者をみると、北区の個性というか、旧王子区と旧滝野川区の個性が如実に出ているのが北区出身者の特徴といえるかもしれない。

北区の名称変更騒動は新住民激増のせいなのか

ニューカマーが増加中

北区の人口は増えている。2019年7月現在で人口は35万3528人。うち、外国人は2万2921人となっている。北区では2018年になり25年ぶりに35万人を突破。その後も、急激には増えないものの35万人を切らずに微増している。

東京23区の一角を占めているというのに、北区の人口は一時は減少傾向にあった。1980年から2000年までの20年間である。1980年に38万632人だった人口は2000年には32万6671人まで減少。そこからようやく復活はしてきたものの1980年の水準までには戻すことができてはいない。

ただ、北区が再び人が住みたい地域になっているのは確かなようだ。2000年以降、2003年までは区外へと転出していく人口が転入を上回っていたが、その後は回復。2011年以降は転入超過が続いている。

さらに人口増加を目論んでか北区では2015年と2016年に調査を実施。これによって北区に引っ越してくる新住民たちの実像が明らかになっている。

これによれば北区へ移住してくる最大の決め手は通勤・通学の便のよさ。ついで家賃・住宅価格が適当ということが挙げられている。これに次ぐのが都心へのアクセスのよさと、最寄り駅へのアクセスのよさ。つまり、とにかく家賃が安くて都心に近いという点が北区の最大のウリになっているというわけだ。それ以外に、新住民にとっては魅力はないと言い切ってもいいだろう。

転入先の検討にあたっては、ほかの地域も含めて探したが北区に決めたという人が61・6パーセント。その一方で、北区に住むことを決めていたという人が16・3パーセント。さらに北区に住むしかなかったという人は21・6パーセントもいる。つまり三割近くは最初から北区という人なのである。この理由は転入先を検討する時に希望した地域の条件からわかる。条件としてもっとも重視されているのは勤務地・通学地から近いという順当なものなのだが、次いで多いのは、親または子供の家から近いことなのである。つまり、もともと北区になにがしかの縁がある人。半新住民みたいな人の割合もけっこう高いのだ。

まったく縁のない人から、ある程度の土地勘がある人まで新住民にはグラデーションがある。でも、共通しているのは職場や学校が近く、家賃が安いことだけを重視して引っ越してしまう軽薄さだ。というのも、この調査では転入者の7割もが北区の行政サービスや施策を調べていない。とりわけ子育て世帯においては行政サービスがとても気になるはずなのだが、これは妙なことである。さらに細やかな実態を教えてくれるのが、行政サービスや施策をホームページで調べたという人たちの実情。全体では2割あまり。世代別では30代と40代の男性が3割弱。40代女性で2割となっている。これは、東京23区であるからある程度の行政サービスがあるだろうという思い込みがなせるワザなのか。いやいや、元よりそういったことを調べる必要があるという思考や能力のない人が多いのではないかとも勘ぐってしまう。

そんな軽薄な住民の増加を象徴するのが2019年4月に行われた区長選で

子供を持つファミリー層は団地には寄りつかない。少子化対策にも、団地問題の解消は重要になる

あろう。この区長選で注目されたのが北区という区名を変えることを掲げた候補者であった。同時に現区長の高齢多選も批判してはいたけれども、主に注目されたのは区名変更のほう。いやいや、北区にも解決しなければならない問題は山積みなのだが区の名前と区長の年齢が投票の判断材料になる選挙とはいったいなんなのか。

こんな争点が浮上してくるあたり、新住民を中心とした軽薄さが北区には蔓延しているように思える。それも仕方ないのか。家賃と職場への近さを考えて住んでいる人は地域の課題には興味などなさそうだし。

北区コラム 2

赤羽を有名にした2大作品の皮肉

地味でイメージの薄い北区だが、今、赤羽が注目を浴びている。そのきっかけとなったモノに、ふたつのマンガ作品がある。

そのひとつ、原作・久住昌之、作画・谷口ジローの『孤独のグルメ』は1994年から連載が始まった。当時は空前のグルメブームであり、評論家のウンチクに踊らされた大衆が、有名店に押し寄せ行列ができる、という時代だった。これに対するアンチテーゼが『孤独のグルメ』である。作品内で、赤羽が登場したのは「朝も営業している居酒屋」で出される「鰻丼」。まさに赤羽は、まだバブルの空気が残る浮ついた時代へのアンチテーゼな街だった。地味ながらも味わい深かったのは、街も作品も同じであった。

もうひとつの作品は、そのままずばり『東京都北区赤羽』。作者の清野とおるは志村の生まれだが、マンガ家デビュー後、チャンスに恵まれず苦しい生活が続

いていたが、隣町の赤羽に引っ越したことが人生の転機となった。凸版印刷の大拠点である志村と、巨大商店街・飲み屋街を擁する赤羽は対照的。隣町とはいえ、かなりのカルチャーショックがあったという。興味を覚えた清野は赤羽を題材にした作品にとりかかり、ブログ上で「赤羽マンガ」を発表。これがケータイ媒体の目にとまり、作品がスタートした。『孤独のグルメ』は、連載当初は目の肥えたマニアに評価された、という程度だったが、ジワジワと人気を集め、２０１２年にテレビドラマ化され一気にブームになる。赤羽に「観光客」が押し寄せたのはこの頃だ。「鰻丼」のモデルになった店には大行列ができる。

清野の『東京都北区赤羽』が単行本化され

たのは2009年から、両作品のブームはほぼ同時期だ。清野の描く赤羽は、事実に基づいたちょっと露悪的な濃い街。『孤独のグルメ』に登場した店も、まぁ変というか、ちょっと、個性的な店である。これらが相まって、赤羽は実際以上に「異様な街」としてメジャーになった。知名度が増すのは結構なことだが、その注目のされかたが「変な街」をみに行くという意味を帯びてしまったことは否めない。色眼鏡をかけた観光客が赤羽の街を「荒らしている」側面もあるのだ。そのきっかけとなった両作品は、本来そうした浮ついたブームに対する反感から生まれたものだ。それが、「グルメブーム」を巻き起こし、彼らの愛した赤羽を破壊しかねない現状は、何とも皮肉というほかないだろう。

第3章

新旧二大勢力が交差する赤羽が抱える大きな課題

本物の赤羽民はスズラン通りに集う商店街をチャリで疾走が東口の作法

予想外に小綺麗な街　それが赤羽の実態だ

昭和レトロな雰囲気の飲み屋が集中する赤羽。近年ではさまざまなメディアの影響で、一種の観光地として多くの人々が足を運ぶ場所へと変貌した。中でも『孤独のグルメ』によって、今や全国区となった朝からやっている居酒屋は赤羽の味のある飲み屋の代表格。その地名度は、もはや平日でも行列ができるレベルとなっており『孤独のグルメ』の主人公がモノローグで語っていた、ここで朝から飲んでいる人はどういう人なんだろう。いや、平日の朝っぱらから赤羽観光にやってくる人たちに、お前ら何者だよ？　と思うわけだが……。

そんな味のある赤羽の町の玄関といえるＪＲの赤羽駅。そこには、メディアで取り上げられるような赤羽の雰囲気はまったくない。エキナカには、ほかの東京周縁の駅と同じように、ちょっと気の利いたオシャレな店舗がいくつも入居している。駅を出て東西のロータリーも同様だ。そこには、パッと見は、本当にこの街に味のある店が軒を連ねているのか、不安になるような風景しかない。とりわけ、駅の西口はイトーヨーカドーやTSUTAYAが入居する巨大なビルがあり、郊外ターミナル駅のイメージを色濃くしている。

対して、東口はあまり大きなビルがなくて、チェーン系から個人系まで、こぢんまりとした店が連なっている。それでも、イメージとは違う小綺麗な風景に、来訪者は違和感を覚えるだろう。それが、赤羽の一つの特徴なのだ。

昭和的やさぐれ感の原因　それは足立区民のせいか

思えば、筆者が初めて来た頃、まだ赤羽駅はオシャレとは、ほど遠い雰囲気であった。駅舎は戦後まもなくできたのだろうかと思わせるような、コンクリートの目立つ灰色の風景が広がっていたように記憶している。そんな赤羽は、もはや幻なのだろうか？　と、思ったらそうでもない。それを感じさせてくれたのは、東口のロータリーにある喫煙所だ。分煙ルールやらが、やたらとうるさくなった昨今。どこのターミナル駅周辺でも喫煙所が設けられるようになった。その喫煙所というのは、植え込みや半透明のプラスチックの壁による完全な隔離スペース。でも、ここの喫煙所は違う。ほぼ仕切りはなく灰皿が置いてあるだけ。その周囲で煙草を吸う人は老いも若きも、男も女も、スーツを着たサラリーマンも、ブルーカラーっぽいオジサンも等しく、赤羽的なやさぐれ感を放っているのである。

この、やさぐれ感の理由は、やはり赤羽がターミナル駅だからにほかならないだろう。赤羽の周囲には多くのバス路線がある。中でも国際興業バスの赤23、赤26、赤27系統は、足立区のディープゾーンといえる西新井や舎人団地から、足立区民を乗せてやってくる路線である。すなわち、駅がオシャレになっても赤羽が絶妙なやさぐれ感を放つ原因は、足立区的空気が常に流入しているからともいえるだろう。そんな足立区からのバスが停車するのは、東口。だから東口には、昭和テイストなやさぐれ感の空気があるのだ。同じ駅なのに夕方、西

アーケード街の中にも豊富な駐輪スペースが目立つ赤羽。自転車利用者がどれだけ多いかがよくわかる街のつくりかたとなっている

口を出てバスに乗って帰宅しようと人々はどことなくオシャレ。その姿が、本来の住民が志向しているものはなにかということを、教えてくれる。

そんな赤羽駅周辺の住民の地域内の移動は徒歩よりも自転車という人が多い。西側の桐ヶ丘や赤羽台は高低差があるため自転車の数は減るが、東側はみんな自転車で移動している。けれども、放置自転車があまり見られないのが赤羽の特徴だろう。これは、かつて駅前の放置自転車数ワーストに毎年ランクインしている不名誉に業を煮やした北区が、強攻策をとったのが理由。北区では放置自転車を撤去されると引取料が5000円もかかってしまうのである。赤羽の秩序が維持されている裏には、こんな方策もあるようだ。

もはや、にわかに消費されるものとなってしまった赤羽の昭和テイスト。地元民とかけ離れたテーマパークになれば、その寿命は限られたものになるだろう。

※　※　※

北区の中心地として存在感を強める赤羽。今のところはビンボーな人も伸び伸びと暮らせる雰囲気が残っているが、再開発によって居心地が悪くなってしまう不安は消えない。長いこと再開発は計画倒れかと思っていたのだが、いよいよ東口の再開発は本格化しつつある。

赤羽の再開発といえば赤羽二丁目にあったダイエー赤羽店の跡地が24階建てのプラウドシティ赤羽になったことが思い出される。ここ2009年の竣工だから既に10年が過ぎているのに、低層階でも中古価格が5000万円台の人気物件。再開発でこんなんばかりになったら、赤羽も変わってしまう。

古い街ゆえに地権者が複雑なのか大規模な再開発は持ち上がっていないが、

徐々に凡庸な高層ビルにでもしようかという計画は広がっている。もともとはいくつかの計画が別個に進んでいたのだが、２０１９年になりそれぞれが具体化している。駅ロータリーから三井住友銀行のある交差点までの道に沿った北側を赤羽小学校の改築も含め再開発しようという計画だ。このあたり、赤羽の真髄ともいえるディープスポットの入口なのだが、それを破壊するということは赤羽の価値を消滅させることなんだが。まあ、どこでも地権者は目先の金に弱いものだからね。

もちろん街の雰囲気がガラリと変わってしまうだけに、目先の金のためだけに歓迎している地権者ばかりではないようだ。赤羽1―10、11の地区では再開発準備組合が成立しているが、赤羽1―12～15、22、23のほうは、そこにも達してない。参画しているゼネコンとしては２０２０年東京オリンピック後を睨んで具体化を急ぎたいのだろうが、そんな容易な話ではないだろう。

まま、再開発なんてすれば、商店街の路上に店の看板を置いていても「天下の往来でなにをしようが勝手だろ」一な雰囲気も消えてしまう。赤羽が今の魅力を失うカウントダウンはもう始まっているのかもしれない。

セレブっぽい西口に集う人々の意外な個性

オシャレを手に入れるか　自分がオシャレになるか

メディアによって構築された赤羽の雰囲気を生み出すのは、あくまで赤羽駅東口の話。前項で記したように、こちらは足立区民がバスで運んでくる空気も交えて、演歌の似合う世界を21世紀になった今でも保っているわけだ。

対して、赤羽駅の西口はガラリと風景が変わる。その軸となっているのは、イトーヨーカドーなど三つのビルによる「パルロード」だ。もともとイトーヨーカドー・ビビオ・アピレの三大ビルを併せて「パルロード」と呼ぶそうだ。ここ、最初からオシャレを意識してオープンしたわけではない。中でもアピレは、1986年のオープン当初は「赤羽のファッションの館」という触れ込みだったのだとか。うん、とってもダサイ。

でも、年月を追うごとにダサさではなく独自の赤羽的ファッションスタイルを提案できる地元民に信頼される店舗となっている様子だ。なにしろ、原稿を書くにあたって公式サイトを閲覧したら「赤羽アピレは赤羽女子（パネジョ）を応援します」なんて書いてある……。ここには、赤羽でも銀座や原宿みたいな最先端ガールなファッションができますよ〜じゃなくて、赤羽の独自センスで東京のファッションシーンを席捲してやるという意気込みを感じないか？

つまり、東口とは違う形で、赤羽独自の郊外的感覚＝東京のオシャレな部分を真似るのではなく、独自路線を創造し貫くというフロンティア精神に溢れている。それが赤羽駅西口の基本なのだ！

東口とは違い伝統はない　常に最先端を追求する町

後述する赤羽岩淵のページで詳しく記すが、もともと赤羽は東口から発展していった街であった。岩淵宿は、街道の宿場町としてよりも荒川の水運で栄えた町で、明治、大正になっても荒川の水運が南関東の大動脈だったからだ。

そんな流通網の結節点として発展してきた東口に対して、西口の発展はまったく違った。西口に人が集うようになったきっかけは、軍都としてであった。1887年に現在の星美学園のあたりに陸軍第一師団の工兵隊が置かれたのを契機として、赤羽駅の西口には次々と軍事施設が設置されていく。まったく開発されておらず、広大な土地を利用できる上に鉄道も通っており、すぐに都心へと向かえるロケーションは、陸軍としても都合がよかった。

こうして軍事施設の周囲には軍人や、その家族が住まう家も建ち並ぶようになる。当然、軍人たちは階級の上下に限らず全国から集まってきた人々だ。ここに赤羽西口の独自文化の原点があると思う。東口が南関東ローカルの伝統をもっているのに対して、西口は伝統などなかった。さまざまな文化を持つ人々が融合して、新たな文化を生み出してきたのである。

そうした、住んでいる土地に根を持たない流入者たちを受け入れて発展していく形は、戦後になって加速する。理由は、桐ヶ丘団地と赤羽台団地の誕生だ。この団地、最初は引揚者の住居確保を目的として始まったものだ。引揚者というのは、終戦により外地から帰国を余儀なくされた人々のことだが、特段、東京に縁がない人も多かった。船が東京湾のどこかの港に到着しただとか、それで今さら帰る故郷もないとか、そんな人もいた。かくて生まれた団地は、高度成長期という時代背景の中で地方からやってくる労働力を確保するための受け皿として発展していく。こうして、まったく出身もバラバラな雑多な人々が融合する赤羽西口の文化は発展してきたのだ。

まったくの処女地に開発をされてきたといえる西口は、東口に比べて計画的である。計画的であるから、雑然とした下町風味は少ない。駅から西へと歩いて行けば、駅周辺には単身者向けであろうサイズのマンションが連なり、次第に土地の高低差がキツいあたりになると、家族向けが標準の団地地帯となる。

ざっくりとわけるならば、西口は新しい町であり、東口は古い町だ。もちろん、それぞれの味に優劣は付けがたいが、結婚して家族もでき長く住むことを考えている世代が多いのは圧倒的に西口である（終戦直後からの世代との世代交代のために、再開発がどんどん進行している）。だから、ふだんの買い物でも選択肢が多いとか、生活の利便性では西口が圧倒的に有利なのである。

大規模店舗が並んだ郊外感のある西口。東口に比べると猥雑さもなく赤羽のイメージが覆される

メディアの影響によって、東口側には昭和レトロ感がカッコイイというイメージが浸透しているのに対して、西口は最先端こそがカッコイイと思っているわけである。でも、そんな正反対な感覚が駅を中心として東西に共存しているからこそ、独特の赤羽文化が誕生しているのだと思う。変化する部分としない部分の共存は、時代の最先端を知る箱庭ともいえるだろう。

イマイチ、セレブじゃない？

※　※　※

そんな北区の団地だが、いよいよレトロを超えて文化遺産として新たな価値を見いだされるようになっている。

再開発でいわゆる団地のイメージは払拭され、ちょっと高そうな郊外の住宅地のイメージに変貌

都市再生機構では2022年度の開設を目標にして展示施設の整備をする予定だ。これは、赤羽台団地内のスターハウス住戸のほか、既に消滅してしまった代官山同潤会アパートや晴海高層アパートなどを再現して昭和の暮らしを追体験できる施設になる予定だ。

団地の歴史的価値に魅力を感じるマニアは、21世紀になってから増えていたが、いよいよ歴史的価値まで持つとは。今となっては狭いし不便でしかない昭和レトロな団地にあえて住みたがる人が増加し、新たな人気スポットになる未来も見える。意外にここいらの未来は明るいようだ。

観光地化の進む赤羽の悲劇
地元民はいい迷惑？

すべてのはじまりは『孤独のグルメ』

休日ともなればあちこちに大人の週末ごっこを楽しむ観光客でごった返す赤羽の街。いい加減、観光客がウザイ。古くからの名店でありメディアにも登場する機会の多い、まるます屋なんてもはや地元民がいく店ではなくなってしまった。あの朝から飲んでいる人がいる怪しげな雰囲気はもうない。

なんでこんなことになってしまったのか。発端を考えると、まず原作・久住昌之、作画・谷口ジローのマンガ『孤独のグルメ』のことから始めなければならないだろう。この作品において、まるます屋を模した店が登場したのが今に至る赤羽の観光地化の発端である。

『孤独のグルメ』の連載がスタートしたのは１９９４年のこと。当時黄金時代を築いていた週刊誌『ＳＰＡ！』（扶桑社）の編集長だった渡辺直樹が新たな挑戦として創刊した月刊誌『ＰＡＮｊＡ』誌上においてだった。連載当時、このマンガはまったく注目されていなかった。掲載誌自体も編集方針が迷走し１９９６年に休刊。翌１９９７年に単行本化はされたものの、まったく話題にもならなかった。おそらくは、このまま「知る人ぞ知る」マニアな作品として消えていく運命にあっただろう。ところが、21世紀に入るころからだろうか「Ｂ級グルメ」が注目されるようになると共に、この作品も脚光を浴びるようになる。明確な確証は得られないが、最初はインターネットで幾人かの読者が、モデルになった店を実際に探し当てて訪問する一種の「聖地巡礼」的な形態で注目されていたように思われる。

Ｂ級グルメの歴史というものも意外に古い。この言葉が発明されたのは１９８５年に主婦と生活社から刊行された田沢竜次の『東京グルメ通信』。これは情報誌『月刊アングル』に連載された「田沢竜次の東京グルメ通信」をまとめたもので単行本化に際して、田沢が帯に「Ｂ級グルメの逆襲」と記した。この本の中で田沢は「B級グルメ宣言」と称して「腹ぺこ精神」「限られた予算で最大の効果をあげる食の知恵」「恐怖感」「権威にびびらない」「細部へのこだわり」「歩くこと」「脱ブランド、反ファッション」の七つのテーゼを掲げている。『孤独のグルメ』の原作者である久住は作品の発端を「『孤独のグルメ』の連載当初、テレビでも雑誌でもグルメブームで食べ歩きとかがすでに流行っていた。ラーメンやカレーとか、手打ち蕎麦とか。編集者は、それにちょっとウンザリしていて、違う方向性をみせられないかということで、ぼくに依頼してきたと思うんですね」と語っている（『ユリイカ』2011年9月号青土社）。マンガを担当した谷口もなんで自分にグルメマンガの仕事が来たのか「?」だったそうだが編集者は『事件屋稼業』あたりのノリで描いて貰いたかったわけだ。そう、バブル景気が終わっても残っていた、美食とか蘊蓄を語るヤツらに対するアンチテーゼとなる作品をだ。

けれども、現状は見ての通りである。「権威にびびらない」とか「脱ブランド、反ファッション」という視点は完全に忘れ去られてしまった。そうなんだ赤羽に来る観光客は古い飲み屋街だとか飾らない下町の風景に興味を持ってやってくる。それは失われていった昭和の風景や過ぎ去っていった熱い時代への憧れではあるかもしれない。でも、結局は、そういったものがカッコイイんだとかいう誰かに聞いたような話を真似ているに過ぎない。今じゃ角打ち（酒屋の中で飲むこと）や立ち飲みなんかがオシャレな行為みたいになってるけど、つい20年くらい前までは、あれをやっているのは最底辺のアル中くらい。「ああはなりたくないな」と思っていたことを忘れたとはいわせない。

いま赤羽にやってくるのは、そんな振る舞いが新たな権威を持ちブランド化してから参加した人々。ブランド化した背景にあるのは、もうひとつ、安く呑めて金も掛からないからだ。つまり、赤羽に押し寄せてくるのは、カネはないけどプライドだけは一人前。かつ権威やブランドにとても弱いオッサン。あと、ちょっとサブカルな連中である。

いや、そんなヤツらに街を埋め尽くされているのだから赤羽の人々は迷惑このうえない。心の底から同情する。もうかつての駅も灰色で薄汚い赤羽は戻っては来ない。せめて、十条も同じようにならないように北区の人々は全力で注意しなくちゃならないよね。

かつては場末の風景だった立ち飲みなどのスタイルも、近年では流行のオシャレな飲み方に。ちょっと違うと思うんだけどな

夜の赤羽には多数の外来酔客が集う。11時過ぎの赤羽駅には「赤羽飲み」を終えた上機嫌の人々が、続々帰宅の途につく光景が

赤羽の本場は本来岩淵 南北線で復活なるか

いくら繁栄したところで赤羽は岩淵よりも格下だ

赤羽の東にある岩淵町。そこに広がる風景は、郊外の住宅地といった趣である。この一帯が開発されたのも、やっぱり赤羽岩淵駅が開業してからだから、結構遅い。だから、北本通り沿いにマンションが並び一歩裏に入れば住宅地という、なんの変哲もない北区のスタンダードな風景が広がっている。

今では赤羽のオマケのような目で見られる岩淵。赤羽が駅周辺に近代的なビルと店舗が建ち並ぶようになったのに対して、ここには繁栄という言葉は似合わない。けれども、本来は赤羽がオマケで中心はこの岩淵なのである。

この岩淵の街には、江戸時代には日光街道の脇街道にあたる日光御成街道（岩槻街道）という幹線道路があった。脇街道というとオマケのようなイメージであるが、もともとは鎌倉街道のひとつ。江戸・川口から幸手まで現在の埼玉県東部のエリアを結ぶ重要な道路であった。江戸時代に編纂された『新編武蔵風土記稿』によれば「岩淵宿は、岩淵郷の本村にて、元禄の改には、岩淵本宿と記せり」とある。この岩淵郷に袋村・下村・赤羽根村・稲付村という各村があった。すなわち、今では駅名のせいもあって岩淵が赤羽の下に位置しているように見えるが、実際には赤羽こそが岩淵の下位にあるオマケのような存在である。

この岩淵宿は、江戸を出て岩槻街道の最初の宿場町であった。そして、ここは対岸に位置する川口宿とともに陸上交通と水運とをつなぐ重要な拠点でもあった。目の前の川を使えば入間川沿い、あるいは下総や常陸へも向かうことができた。そうした経緯もあってか、岩淵には宿場街が存在して繁栄していたとされる。

ところが、交通の要衝としての地位は明治時代になり完全に崩壊してしまう。理由は、鉄道が岩淵を避けるかのように建設されてしまったことだ。

上野～熊谷間に日本鉄道による鉄道が建設されたのは１８８３年。のち１８８５年に赤羽駅が開業する。岩淵を避けるかのように鉄道が建設されたのは、埼玉県側の鳩ヶ谷や川口で鉄道を拒否する住民の声が強く土地買収が難航したからとも伝わっているが、確証はない。いずれにしても、鉄道によって赤羽が軍事都市として発展していくのを尻目に、岩淵町は町外れのような存在に甘んじていく。

こうして赤羽の一部という存在となった岩淵だが、それでも住民が地域の中心という意地を見せた出来事がある。１９６４年、住居表示の施行にあたって、岩淵町全域は「赤羽」に変更され、岩淵の地名は消えることになっていた。ところが、これに反発した住民たちは8年にもわたる住民運動を実施。その結果、現在の岩淵町の地名は残されることになった。このことは誇りのようで町内にある八雲神社には「岩淵町　町名存続之碑」があり、現在まで歴史を伝えている。こうした経緯もあってか、岩淵にはつい最近まで東京23区内で唯一の日本酒の蔵元が存在していた。新興地域のような雰囲気にもかかわらず、そこかしこにレトロな雰囲気の残存する不思議なスポットになっている。

まだ昭和色と21世紀が入り交じった感じが色濃く残るところも。開発が遅れて始まったのがわかる

南北線の開通によって、赤羽駅という鉄鎖とは逃れたとはいえ、まだまだ再開発途上にある岩淵一帯。果たして、かつての赤羽の本場としての地位を再び取り戻すことができるのか？

※　※　※

などといってみたが、赤羽岩淵駅周辺に相変わらず発展はない。駅前に大きなスーパーでもできればいいのだが、未だまいばすけっとがあるだけ。結局、南北線の駅がある歴史だけは古い赤羽のオマケタウンの地位からは脱することはできていない。やっぱり赤羽駅から徒歩10分圏内というビミョーな近さが悪いのか。

対埼玉防衛ライン浮間にマンション地帯と化した北赤羽

確かに店は少ないッ！　でも自転車があれば大丈夫

たとえ北区に住んでいる人であっても北赤羽や浮間舟渡に足を運ぶ機会はまずない。この地域にふたつの駅が開業したのは１９８５年に埼京線が開通した時。つまり、それまでは駅を設置する必要もないほどの地域に過ぎなかったのである。高度成長期から徐々にベッドタウンへと変貌を遂げた北区の中でも、もっとも遅くに開発が始まった地域といえるだろう。

十把一絡げに語られる浮間舟渡と北赤羽だが、実はそれぞれの駅周辺の風景はまったく異なる。

そもそも浮間舟渡は北区の浮間と板橋区の舟渡のふたつの地域にまたがって

いることから誕生した駅。両方の地名を冠した駅が誕生したことで慣用的に「浮間舟渡に住んでいる」といった表現が用いられるようになった（駅の所在地は浮間になっている）。そりゃそうだ「浮間に住んでいる」「舟渡に住んでいる」といわれても、いまいちどこにあるのか想像し難い。でも浮間舟渡といえば「あ埼京線の」と思い浮かべてはもらえるハズだ。ただ、埼玉県にある駅と勘違いする人もいると思うけど。

そんな新興開発地の浮間舟渡周辺の特徴は、なんにもないことである。スーパーの数も少ないし浮間銀座商店街は、銀座と名乗るのが恥ずかしいほど店舗の数が少ない。シャッター通りになっているのではない。最初から店舗が少ないのである。

でも、住むには不便な場所だろうかと問われると、だいたいの人はノーと答えるだろう。一戸建てと低層マンションが建ち並ぶこの地域をよく観察していると、どこも敷地面積が大きいことに気づく。とりわけ一戸建ては、23区内でありがちなもとは一軒家だった敷地をむりやり分割したような縦長のマッチ箱のような物件は、ほとんど見られない。どの家もそれなりの大きさになっているのだ。

スーパーも数が少ないように見えるが駅前のマルエツは24時間営業（所在地は板橋区側）。あとは、数軒の中規模スーパーで普段の生活は間に合いそうだ。そして注目すべきは、新河岸川を渡った板橋区側の繁栄っぷり。そこには、オリンピックもあるしビバホームもあるのだ。おまけに、ほぼ平地なので自転車でスイスイと板橋区に買い物に行けるではないか！　ついでに、駅よりも南側に住んでいるなら都営三田線の蓮根駅まで歩いてもさほどは遠くない。つまり、浮間舟渡周辺は、なんもなくても板橋区の繁栄のおかげでなんとかなっている地域なのだ。

そんな浮間舟渡のなんにもなさを見たあとに北赤羽の駅に降り立つと驚く。そこに広がるのは大都会の光景。コンビニやファストフード何軒もあるのだ。そして、駅前にはタワーマンションが建設され既にベッドタウンの基礎は固まり、住みやすさを充実させる時期になっていることを示している。住みやすさの点でいえば、駅から徒歩５分のところに巨大なショッピングモールがあるので超便利。

それでも、赤羽駅に比べて格段に賑わいが落ちるせいだろうか。不動産価格は、4LDKの分譲マンションが5000万円以下。賃貸のワンルームは平均して赤羽駅周辺よりも1万円近く安く、5万円台の物件もちらほらと見かける。もし、埼京線沿線に通勤通学をすることを考えるならば、電車に乗る時間は赤羽駅から乗車する場合に比べて2〜5分程度伸びるくらい。なのに、不動産価格が格段に下落するのは、ズバリ新河岸川の向こう側にあって、ほとんど埼玉県のように見えるからにほかならない。絶対に都内に住みたいと願う人々にとっての最終防衛ライン。それが、北赤羽と浮間舟渡という街の存在理由なのだろう。

※　※　※

ここ数年の間に、赤羽と埼玉、いや川口との関係は激変した。そもそも赤羽と川口は、隣接する繁華街ではあってもほとんど関係がなかった。赤羽と関係が深かったのは、西川口だ。

西川口といえば、堂々とイリーガルな営業を続けていた風俗が有名。実は、この風俗街はもともと、川口のみならず、赤羽に集まる労働者たちをターゲットにして作られたという側面もあった。いわゆる工業地帯だった北区にはブルーカラーが多かった。彼らの所得はそれほど多いとはいえず、近いとはいっても「高級」な吉原にガンガン通えるわけではない。ここをついたのが西川口の風俗。安価かつ過激なサービスで、赤羽からの客足を狙ったのである。

しかし、北区が工業都市から住宅街に変貌し、西川口の風俗街も「浄化作戦」で壊滅した今、かつての密接な関係は断たれた。代わって台頭したのが、いきなり商業地域として大発展をとげた川口だ。性風俗以外では断絶されていた北区と川口市の関係は一変。今度は女性を中心とする買い物客が、赤羽を中心とする北区から川口に向かうようになっている。

前の項で「北区から買い物需要が都心部に流れている」データを紹介したが、実はそのなかの無視できない割合が、川口市に流出している。実際赤羽から川口までの鉄道乗車時間は3分。近いとはいっても池袋も上野も10分近くかかる。ここにきて、北区民（のうち赤羽を中心とする北部住民）は圧倒的に近く便利な街川口を「発見」してしまったのだ。近年急速に北区の商業が衰退傾向にあることに、この事実は果たして無関係といえるのだろうか。

高層ビルが建ち並び、すっかり未来都市風味に変貌した川口駅周辺。しかし住みたい街ランキングでは上位ではない

大型商業施設が多いのも新生川口の特徴。すでに北区から買い物のために川口を訪れる人も出始めており、地位の逆転はかなり進行中

スポーツ施設だらけの西が丘成立のいきさつを追う

住宅不足の結果生まれた北区の高級ニュータウン

都心に近い現在の北区は、早くから住宅地の開発が進んだ地域である。そんな北区の中でも特に注目したいのが、西が丘の住宅開発だ。この西が丘の特徴は地図で見れば一目瞭然。極めて計画的に都市開発が行われているのだ。街を訪れれば丘にそびえる住宅地には、桜並木もあったりして気分はまさに郊外のニュータウンだ。住宅が密集しているイメージのある北区で、いかにして、このような住宅地が誕生したのか？

現在の北区に住宅地が目立つようになったのは大正時代になってからであった。１９２９年に国は都市計画法と市街地建築物法を定め、住居地域・商業地域・工業地域という区分を行って都市開発に一定のルールを定めた。この時、滝野川町の大部分は住居地域に、王子町・岩淵町の大部分は工業地域に定められて、それぞれ発展していくことになる。だが、滝野川町だけでは急増する東京の人口には対処することができず、無秩序な住宅地の開発は進んだ。そうした状況に対処するために、昭和に入ると東京府や同潤会によって、計画的な住宅の建設が進む。その中で、同潤会によって開発されたのが、西が丘地域だった。この西が丘は軍需施設に隣接しているものの、関東大震災前までは開発の手が付けられていなかった。

『同潤会基礎資料』(柏書房)などに記された記録によれば、赤羽では3度にわたって住宅地の分譲が行われた。最初は1929年4月に分譲された赤羽第一。この時の分譲宅地は8戸だったが、同年5月に分譲が行われた赤羽第二は55戸と大規模だった。さらに、昭和13年には赤羽第三として2戸の分譲が行われたことがわかる。

つまり、すべてが同潤会によって分譲されたものではないが、同潤会の開発した宅地の周囲に、民間の開発業者による分譲が行われていったようだ。この宅地の特徴は、分譲地の規模がことごとく大きいことであった。もともと同潤会は関東大震災後の住宅不足を緩和するために設立された財団法人。住宅不足の解消が目的であったから初期には質よりも量の建設が行われた。大正期の１９２４年には東京府内で２４２０戸の住宅を建設。現在の北区では赤羽に４７０戸、十条に３６５戸の木造住宅の建設が行われている。この数は当時の東京府の住宅戸数の３分の１を占めた膨大なものだった。

昭和期になると同潤会は量よりも質への転換を図る。この時に求められたのが「中産以下の俸給生活者・知識階級」を対象にする分譲住宅であった。基準とされたのは下水と道路を完備した平均１００坪内外の敷地を持つ住宅。すなわち、ここで記される「中産」とは相当のブルジョアな人々のことだ。それでも申込者は殺到し、分譲地は飛ぶように売れていったという。その一つとして分譲されたのが、西が丘だったのだ。この高級住宅地は陸軍施設が集中していることもあり、高級軍人の購入も多かったという。現在では西が丘という地名が一般的だが、当時は「梅の木荘」という通称のほうが広く通用したそうだ。土地に「○○荘」という通称がつくあたり、高級住宅地感がでている。

もはや、この地に同潤会の建設した建物は現存していないが、敷地だけは当時のまま残っているものが多い。やたらと道路の幅があったり宅地面積の大きい街の全体の設計には、ここが本当に北区なのかと驚くばかりである。

※　※　※

２０２０年の東京五輪を前に、北区でもさまざまな関連行事が実施されている。北区一番のスポーツ施設である味の素ナショナルトレーニングセンターだけではなく、東京都障害者総合スポーツセンターもあることで、これを前面に押し出して、オリンピック・パラリンピックの両方を通じて北区をアピールしようとするものだ。これに向けて北区ではナショナルトレーニングセンターから十条・赤羽方面への道を「ＲＯＵＴＥ２０２０トレセン通り」と名付けていたりもする。

しかし実際のところ、北区ではオリンピック競技が実施されるわけでもなくトレーニングセンターがあるだけなので、どれだけアピールできるかは謎だ。北区では「トップアスリートのまち・北区」という妙なキャッチコピーをつくって、施策を展開。情報発信と共にスポーツの推進と運動能力の向上やトップアスリートの街にふさわしい街並みの整備がうたわれており、北区がやる気なのは確かである。

とはいえ、だからといって、街のあちこちで話題のアスリートが歩いているなんてことはない。赤羽で飲んでいたり十条で買い食いとかしていたら、練習が辛くて脱走したとしか思われない。なのでやれることは限られている。

例えば、東京五輪に絡めてアスリートの手形を使ったモニュメントの整備や、関連するイベントなど区民向けのスポーツ教室も始まっている。もちろん、形が重要なので本物のアスリートも動員。北区スポーツ大使になっているロンドンオリンピック競泳の銅メダリストの上田春佳を招いて小学校で講演と実技指導なんてのも行っている。ちなみに実技指導は主にストレッチだったそう。頑張ってはいるが、やはり全体的にはショボい印象が強い。

とはいえ、こうした北区の取り組みは、他地域に比べマシなほうだ。選手村の設置される中央区なんて区民に折り鶴をつくらせて、五輪期間中に出会った外国人にプレゼントするという意味不明な施策が始まってるし……。

日本のスポーツ強化の中核拠点が、ここ北区の味の素ナショナルトレーニングセンター。日本代表選手の強化育成を行っている

区内で競技は行われないが、事前キャンプ誘致は進んでいる。滝野川体育館ではハンガリーの柔道、フェンシングチームが合宿を行う

団地はどうにかせにゃならん建て替えにまつわる裏事情

かつての憧れも今は昔

赤羽の外れに広がる団地群。中でも赤羽台団地は23区で初めてのマンモス団地。初めての大規模な団地開発ということもあってか、様々な実験も行われたのがここである。赤羽駅前から坂を上った高台に広がる敷地には、崖線に沿ってスターハウスを配置。その上で中央部には直行配置の住棟を。北側には高層棟という形で敷地に建物が配置されている。結果、どの住居からも視界が抜けている。その後に建設された団地のように窓を開けると向かいの建物の洗濯物しか見えないという、悲惨な光景にはならない。

昭和30年代には、下町からサラリーマンと結婚して団地に住むというのが、ひとつのステータスになっていたのだが、この先進性を理解すると憧れの住居になったのがよくわかる。ただ当時はステータスになったかもしれないが、今となっては不便。なにせ、高台に建設されたから年寄りには辛い。それに夜になると暗くて物騒な雰囲気もある。

そして23区の団地が抱えているのは、高齢化の問題。本シリーズの新宿区を扱った一冊では、高齢化の挙げ句にどうしようもなくなった戸山団地を扱った。昭和に開発された団地において住民の高齢化。古びた建物は嫌われて次世代が帰って来ないということは、普遍的に発生している問題だ。赤羽台団地でも2000年代から、この問題が顕在化した。ただ、幸運なのは赤羽台団地が最初期に建設された団地であったということ。最初期ゆえに「ならば建て替えで……」となった時の順番もすんなりと最初のほうに持ってこられたというわけである。赤羽台団地をヌーヴェル赤羽台として建て替えて再生する事業が始まったのは2000年のこと。つまり、高齢化の問題が顕在化するのと建て替えが同時に進んだのである。これによって、赤羽台団地は戸山団地のような限界集落化を回避できたというわけである。

そして、冒頭に記した通り数々の実験的な試みが行われたこともあってか文化的な価値も認められた。２０１０年には、東京大学と日本女子大による「赤羽台＋」なる団体が立ち上げられ、都市再生機構（ＵＲ）や居住者の協力を得て、団地内にある商店街の空き店舗を交流拠点として改装。五十年にわたる団地の歴史や文化の保存・伝承を目指す試みも行われた。どうみても文化系出会いサークルなんだが、こうした人々の存在によって赤羽台団地は新たな「価値」を認められたのである。

現状、建て替えられてオシャレな雰囲気となったこともあり復興を遂げている赤羽台団地。でも、それが可能だったのは、駅から近いからではなかろうか。もう少し離れて都営アパートのほうへ向かうと、再開発が進んでいるとはいえ、うらぶれた光景がまだ残存している。赤羽台団地は早くから「価値」を見いだされたりしたが、こっちはそうでもなかった。ゆえに23区のほかの地域の団地と同じく限界集落化も避けることはできなかったのである。再開発の状況をみると、都営桐ケ丘二丁目団地の一部では２０１９年６月になってようやく再開発の基本設計がまとまろうとしている段階。ここまで来ると、高齢化した現在の住民が死に絶えるのを待ってから再開発をスムーズに行おうとしているようにしか見えないのだが……。

かたや赤羽台団地は絶好調である。都市再生機構では赤羽に新たなキャンパスを構えた東洋大学情報連携学部と共同で、IoT・AI導入のモデル住戸整備を始めている。そう、なんだかよくわからないが今大流行のIoTである。スターハウスの住戸を改修し、センサーやカメラ、マイクなど計42個のIoT機器を入れた。センサーで得た情報を基にAIで設備機器を制御し、快適な居住環境を生み出すというものだ。ようは、エアコンを適切な温度に管理してくれたり、声で照明のスイッチがオンオフになるというヤツである。そんなものが本当に需要があるのかどうかはわからぬが、都市再生機構の団地では再開発も進み様々な試みを実施。かたや都営のほうは出遅れているというのが現状である。今さら、この遅れを取り戻すことは困難そうだし都営団地のほうは、どうなってしまうのか。

ともあれ、赤羽が妙な人気スポットになったことが追い風になっているのか、団地周辺の再開発も盛んだ。2019年4月には一時保護所、家庭支援センターを開設するための予算も組まれている。現在、北区には荒川区、板橋区を含めて管轄する北児童相談所があり、東京都福祉保健局が所管している。当初、北区ではその土地を譲り受けて新たな施設を建設する予定だったが、都との間に条件が折り合わず頓挫。そこで、旧赤羽台東小学校に独自に児童相談所を建設することが決まった。この土地が選ばれた理由は赤羽駅が近いことと２０２１年度に東洋大学が新たにライフデザイン学部が開設することが挙げられている。

計画には、児童相談所・一時保護所のほか発達相談機能や療育のための施設も含まれている。このような施設は２０１８年に港区が南青山で建設を計画。そうしたところが一部の「住民」から反対の声が殺到し全国ニュースになったものである。ようは一部の成金が無様を晒した事件だったが、北区はもとよりビンボー人や困った人も多い地域であったためか、むしろ歓迎ムードのほうが強いようだ。

ただ、妙なオシャレ感を出してきた赤羽台団地に、なにか勘違いして住み着く新住民が増えるとそういう常識もどうなるのか。そのあたりはちょっとした不安が拭いきれない。

北区コラム 3

東京有数の「プレイタウン」だった北区艶歴史

今でこそ、観光客が気軽に訪れることのできる赤羽の歓楽街だが、昔は歌舞伎町にも匹敵する独特のヤバさを放っていた。なにしろ、安い風俗店が軒を連ねていたのだから。

赤羽の風俗が全盛だったのは、かれこれ20年ほど前のことである。その頃、赤羽には今よりも風俗店が多かった。そして、そのほとんどは本サロであった。本サロとは、本番＝セックスが可能な風俗店のこと。もちろん違法である。

しかし、石原都政になって環境浄化が行われ、風営法改定でデリヘルが推奨されるようになったが、以前は風俗店への警察の取り締まりは、かなり緩かった。都内でも町田のあたりには、いわゆる「ちょんの間」が現存していたくらいであった。

そんな時代の赤羽の歓楽街はアダルトメディアや風俗情報を扱う夕刊紙で

「赤羽流」と呼ばれる言葉が当たり前のように用いられる本サロの一大拠点だったのである。

その当時、赤羽駅を降りて路地に入ると、そこは女性ならば絶対に一人歩きはできないような空間が広がっていた。まだ陽もあるうちから道には客引きが何人も立っていて、次々と声をかけてくるのである。

当時の料金は大一枚＝１万円で30分が基本。どこも某夕刊紙を「見た」といえば、指名料無料というシステムであった。そして、人気店は昼間から満席になっていて、同じく自分の順番を待つ男性客と待合室で、居心地が悪く待つのが定番であった。

すでに、今でいう草食系男子が急増してい

た時代に、店でのプレイはかなり驚くものであった。本番行為が行われているとはいえ、あくまでピンサロである。すなわち、それぞれが個室になっているわけではなくて、ソファに座ってのプレイだ。だから、ほかの客が本番をしている姿もお互いに丸見えなのである。そんな男性にとっての楽園も石原都政の時代に入ると、次第に姿を消していった。すぐに店が消えていくということはなく、ガサを恐れて昨日まで本サロだった店が突然キャバクラに業態を変更なんてこともあった。もっとも、そうした店で店員に聞けば必ず本番ができる系列店を紹介してくれた。系列店の所在地は、だいたいが県境を越えた西川口であった。かくて、都内に居場所をなくした本番系の風俗は県境を越えて西川口へと流れていき新たに「NK流」という言葉が広まっていくことに。すべて今は昔の話である。

第4章
デフレ適応都市十条の底力
その秘訣はバランス感覚

ふんわりやさしい十条に住む人々の正体とは

埼京線はイメージ最悪　でも住みやすさは抜群

東京の路線図を眺める限り、十条は決して便利な地域には見えない。走っている電車は埼京線だけである。埼京線といえば首都圏でもワースト3にランクインする混雑率で知られる路線。痴漢が大量発生する路線とも噂されていて、首都圏路線イメージ調査（２０１５年オウチーノ総研による）では、首都圏のイメージが悪い路線で堂々の第１位を獲得しているのだ。この調査によれば、イメージが悪い理由として多くの人が指摘したのはやはり「痴漢」だった。

十条に住まう人々も同様に、ヒドイ路線沿いに住んでしまった、と思っているのか？　これがまったく違う。十条に住む人々の多くは、自分たちは便利な

十条の一般的な家賃

物件数	5,089件
2万円台	3件
最低家賃	20,000円
最高家賃	188,000円
ワンルーム最低家賃	30,000円
1K最低家賃	24,000円
2K最低家賃	54,000円
2LDK最低家賃	98,000円
3LDK最低家賃	119,000円
4LDK最低家賃	107,000円

※SUUMO7月掲載分より作成

十条の平均的な物価

焼き鳥	50円
チキンボール	10円
小松菜(1袋)	99円
3玉うどん	78円
もやし	19円
ニンジン(1袋)	98円
トマト(1箱)	380円
キャベツ	87円
牛肉ステーキ100グラム	199円
豚ロース100グラム	88円

※店頭・チラシなどから調査

街に住んでいると思っているのだ。

その最大の理由は、巨大ターミナルである池袋への近さだ。確かに混雑している埼京線だが、十条からはわずかに2駅に過ぎない。池袋のみならず、副都心のターミナルにすべて乗り換えなしで行くことができる地域は少ない。これに、京浜東北線の東十条駅、場合によっては南北線の王子神谷駅の利用を視野にいれると都心のほとんどのエリアに30分ほどで到達することができてしまうのだ。十条は、隠れた交通至便な地域なのである。

そんな十条地域も、よく歩けば地域性の違いが見えてくる。十条駅の東側は商店街の賑わいを抜けると途端に住宅地が広がっている。このあたりの住宅地は、古くからの住民が多いようで、なかには、ど～んと広い庭を備えた23区でも滅多に見ることのできないような大邸宅もある。十条駅西側から東十条駅に至るエリアは、また趣が違う。商店街の喧噪もなく、店の数も少ないのだ。とはいえ、寂れているということはなく常に人通りが多い。これは、埼京線と京浜東北線の両方が使えて便利というのが不動産屋の広告用ではないことを示しているといえるだろう。

東十条駅あたりまでは昭和の匂いも、王子神谷駅が近づくにつれて消えていく。南北線の開通とともに再開発が進んだこの地域には、背の高いマンションも乱立し新興住宅地の雰囲気も増していくのだ。

地域によって街並みの個性が異なる十条だが、共通するのは家賃や分譲価格の安さ。これに惹かれてか、十条の住民は案外新参者が多い。これがどこかのプライドの高い街だと、新住民と旧住民の対立、なんてものも考えられる。が、十条は違う。新参者たちは、元から十条の下町っぽさに惹かれてやってくるわけで、古くからの住民と自分からぶつかりにいくようなことはない。勝手にやってきて「ひどい街だ！」などと騒ぐような愚か者は、そもそも十条などには見向きもせず、どこかよその土地に住むはずだ。一方の旧住民も、「十条スタイルとはこれである！」なんて押しつけがましさはない。つまり、十条の街に住む人々とは、お互いに遠慮しあっているのだ。というかむしろ「便利で住みやすい十条の価値観」を新旧住民共に最初から共有している、といえるのかもしれない。これが、抜群の許容力を生んでいるのではないか。

十条は、家賃や物価だけではなく、住民も空気も「やさしい」のである。

お上りさんを吸い寄せる十条の秘密に迫る

マニアックな料理も多国籍な十条の不思議

都心へのアクセスが抜群で家賃も物価も安く、のんびり暮らせる十条。そんな十条の近辺には、東京成徳大学に東京家政大学と、ふたつの大学が立地しているためか、若者たちの姿を見かけることが多い。通常、大学がある街には学生をターゲットにした値段の安い飲食店が軒を連ねたりするもの。だが、もとから物価の安い十条では学生街は成立しない。学生相手に価格を設定しなくても、もともと値段が安いからだ。そんな庶民的な気風に通学する大学生も染まっているのか、今ドキな服装の男女も激安惣菜店の行列に並んで買い食いをしているのである。とりわけ、買い物客で混み合う前の時間帯である午後3〜4

時あたりは下校時間ということもあってか、学生たちの姿を見かけることが多い。大学が立地することによって、十条はより賑やかな街になっているのである。そして、もうひとつ十条の街で目立つのが外国人居住者の姿。街にはチラホラとアジア系の料理店もあるし、外国人を相手にしたビジネスも点在している。特に、驚くのが料理店である。カレーをメインにしたインド料理店や、韓国料理店は今では東京のあちこちにあって当然のものになっている。ところが、十条の場合はひと味違う。モロッコ料理とかパレスチナ料理とか、都内でも店舗が限られるであろう少々マニアックな料理店も存在するのだ。

十条の賑やかさは、これら人種も性別も年代も問わない雑然さからできているのだ。

サブカル色がないから幸せに過ごせる街に！

なぜ、多くの人々が東京23区の住民にも知名度が低いであろう十条の街に魅せられて住み着くのか。

アクセスの利便性や家賃の安さは前項で示した通りだ。その上で、さまざまな人々に聞いてみたところ、意外に多いのが幾度かの引越のあとに十条にたどり着いたという人々である。既に5年も十条に住んでいるという男性は、次のように証言してくれた。

「学校が池袋だったので、最初は東武東上線の成増に住んでみました。ここはまったく東京らしくなかったので、西武池袋線の江古田に住んでみたのですが……やっぱり違ったんです」

江古田といえば、日大芸術学部の所在地として知られる全国的にも有名な学生街で、下町のはず。

そんな街よりも、十条が優れているのはなにか。第一に挙げられるのは同じ下町でありながら、十条のほうがディープで住みやすいということだと分析できる。

江古田はなにかと知られた下町である。知名度の高さもあってか近年は再開発の波が押し寄せている。対して、十条は再開発の計画が進んでいるとはいうものの、いまだ半信半疑のレベル。あと10年、20年は街のありようも変化しそうにない。それゆえに、街にはオシャレの欠片もない。結果、部屋着どころか寝巻きで買い物に出かけてもまったく気にされない雰囲気になっているのだ。

東京では十条に似た雰囲気のマイナーだけれど地元民の利用が絶えない商店街というのは、ほかの地域にも点在している。品川区の中延や大田区の雑色などが、その代表例だろう。けれども、十条が特徴的なのは地元民で賑わう商店街のはずなのに、妙な活気のあるところだ。これは、区内にある東京成徳大学、東京家政大学に加えて板橋区にある帝京大学までもが、十条が最寄り駅となっていることによって、こうした若者が行き来して学生街の機能を兼ねているることにあるだろう。ほかの商店街にはない活気が生まれているのだ。それでいて、地元民は「昔ながらの店が減ってきた」というのだから、かつては、どんなディープな店が軒を連ねていたのだろう。

そして、空き店舗に若者向けの立ち飲み屋などがすぐに入居するのが、十条の特色だろう。不動産屋の入り口に掲示されている空き賃料を見ると、店舗の月額家賃は山手線沿線に比べて１～２割程度安いものが多い。それでいて、居抜きの物件も多かったりするわけだから、店舗の回転率がよいことは間違いな

帝京病院を始め、帝京大学キャンパスは十条駅からも近い。区民には自転車で実家から通学する大学生も多いので、たとえ板橋区側にあろうとも北区とのつながりは密接な大学だ

いだろう。無理して家賃の高いオシャレタウンで商売を始めるよりも、こうした下町で地道に地元のなじみ客を獲得したほうが手堅い商売のハズ（余談だが、筆者の知人が品川区の大井町駅から徒歩10分という、ちょい不便な場所にワインバーを開店したのだが、地元客だけで賑わっていてビックリ！）。そしてもうひとつ、空き店舗を借りてくれるお得意様がデイケアなど介護サービス系の事務所。こちらも、老人の多い十条の街では必ず繁盛する商売のひとつ。

つまり、地元住民と流入してくる若者たちのバランスが絶妙にとれていることが、変わらずに十条が繁栄している最大のポイントなのだ。

女子大があるせいか、案外華やかな雰囲気もある十条。おっさんおばちゃんだけではないところも繁栄のポイントか

とはいえ、見るからに「地元」っぽい人々も健在。物見遊山で十条の商店街を見に来ても、失望することのないキャストが揃っている

都内最強の商店街十条銀座はなぜ行列だらけ!?

ほぼ地元民のみで賑わうコンビニのない商店街

これまで都内各地の商店街をリスペクトしている本シリーズだが、十条では驚きを隠せなかった。アベノミクスの不発による景気後退など、どこ吹く風の活気に満ち満ちているのだ。

十条の中心的商店街はＪＲ埼京線の西側。駅前ロータリーから広がる十条銀座商店街である。北区最大のアーケードという微妙な最大感を誇る商店街は、東・西・中央の三つのメインストリートと約２００軒の店舗から成り立っている（さらに、周辺に存在する十条仲通り商店街、富士見銀座商店街、十条中央商店街を加えると店舗数は５００くらいになる）。

ここまで記してきたように、十条は決してターミナル的な場所ではない。つまり、商店街の活気は、北区のほかの地域からやってくる人々ではなく純粋に十条の地域住民によって成立しているのが、最大の特徴といえるだろう。

全国的に、商店街がもはや時代遅れといわれながらも東京23区には、活気のある商店街がいくつもある。その中で多くのタイプを占めるのが、大型のスーパーを中心として、回遊ルートが成立している商店街（大田区の雑色や武蔵新田が、このタイプ）や、完全に観光地化して地元民よりも来訪者が客層の大半を占める商店街（アメ横や浅草の仲見世通りなどが典型例）であろう。十条銀座は、そのどちらとも違う。大型スーパーは商店街と外れた場所にあるし、商店街の中にはコンビニすら出店されていないのだ……。

本シリーズの大田区で、大田区の物価の安さの理由として挙げられたのが、チェーン系からインディーズ系まで無数のディスカウントストアや１００円ショップの存在であった。

対して、北区……それも十条銀座に限っていえば、物価の安さを生み出している原因はまったく異なる。十条銀座で安さを売り物にして人々を引き寄せている店舗の多くは個人商店なのである。十条銀座の中でも数が多く、存在感を放つ総菜店は、安さが爆発……大爆発どころではない。なにしろアーケードのあちこちに「焼き鳥50円」の看板を見ることができるからだ。何度も比較して申し訳ないと前置きしておくが、物価安の優等生である大田区でも焼き鳥50円は取材の中で僅か一店舗しか見つけることができず、その店も採算度外視の店であった。でも、十条銀座ではどう見ても50円で商売が成立しているのである。

焼き鳥の値段には驚くけれど、コロッケはもっと安くて30円という値札もあるから、もっとビックリするだろう。そんな激安総菜店には夕方にもなると長蛇の列が。近所の人とおぼしきオジサンやオバサンに混じって若い女子たちの姿も。聞けば近隣の大学生にとって下校時間の買い食いスポットになっているという。その行列の先を見れば「つくね20円」。十条銀座の名物として知名度を上げているチキンボールに至っては「10円」という値札がついているのだ。また、別の店では「おにぎり100円～」という値札も発見。こんな店ばかりが軒を連ねているのだから、コンビニもまったく出店することができないのも納得だ。

十条銀座で安さを誇るのは、総菜だけではない。開店から閉店まで、いつでも賑わっている店舗は無数に存在する。とりわけ衣料品店は23区でほかには見られない激安感で衝撃を与えてくれる。なにしろ店内の服はもちろん靴まで２０９円や２９９円、３０９円と、どうやって採算が取れているのか理解不能な値段で陳列されているのだ。この街に住む限り、生活費が月に5万円もあれば超リッチな暮らしをおくることができそうだ。

そんな十条銀座のもう一つの特徴は、昭和テイストを放ちながらも決して店舗が固定化しているわけではないこと。家賃の安さゆえか若者ウケしそうな店舗も多数存在している。

古さが魅力の商店街も、そのレトロな魅力だけでは生き残れない。個人商店には後継者問題がつきまとい、有名な飲食店が、店主の高齢化で味が落ちるなんてこともある。この際問題となるのが、旧店主が面倒くさがって新しい入居者に店を貸さず、ほったらかしにしてしまうことなのだが、そうした問題はそれほど多く発生しておらず入れ替えはそれなりに活発だ。この流動性こそが、十条銀座に活気をもたらしているのだろう。

多くの商店街で壊滅してしまった雑貨や専門店といった「普通」の店舗が生き残っているのも十条の商店街の魅力を支えている

飲食店街にはニューウェーブも参入中。それでもほどよいビンボーくささで街に融合しているので違和感はあまりない

ＪＲ同士なのに接続なし！十条と東十条の微妙な関係

人通りも店も少ないが決して寂れてはいない

十条と東十条。地名に「東」のひと文字がつくかつかないかの違いだけなのに、その風景はまったく違う。いつでも買い物客で賑わう十条銀座の商店街と違い、東十条へと向かう演芸場通りは、驚くほど静かなのだ。シャッターを下ろしている店が目立ちはするけれども、街が死んでいるわけではない。人通りは多いし通りの名前の由来である篠原演芸場は、今では珍しくなった大衆演芸の持つ独特の華やいだ空気を放っている。この通りを中心とした埼京線の東側。十条から東十条へと向かう地域は、下町の静かな住宅地という言葉がよく似合う。なぜなら、賑わいはなくともデータには表れない空気感＝下町情緒は途切れはしないのだから。

反対にデータで見てみると、2018年度にJR東日本の集計した一日平均の乗車人数は十条駅が3万7110人、東十条駅が2万4270人となっている。この数値を見てふつふつとわいてくるのは、1万数千人の差で、ここまで街の賑わいが変わってしまうだろうかという疑問だ。東十条のこの数値は、それなりに利用者がいそうな神奈川県の新子安駅（2万3842人）根岸駅（2万1925人）よりも若干上回っている。関東を離れると、県庁所在地であるはずの長野駅（2万862人）や盛岡駅（1万7994人）よりも多くの人が利用している駅なのだ。

決して栄えていないはずではないのに、寂れているように錯覚してしまう原因はなにか？

スーパーも遅くまで営業　現代人には生活しやすい

明治時代に入ってもしばらくは、のどかな農村だった十条と東十条が都心に近接した工業地帯へと変貌していった経緯は、実はまったく異なる。十条駅周辺が農村から都市へと変貌した契機は、１９０５年に小石川にあった砲兵工廠銃砲製造所が５０００人あまりの工員とともに移転してきたことだった。対して、東十条駅周辺の都市化の契機は１９１０年の王子製紙十條工場の操業開始だった。拠点となる施設の誕生で５年のズレ。さらに駅の設置になると十条駅は１９１０年開業。東十条駅は１９３１年開業なのである。また、東十条駅は請願駅。すなわち地元住民の駅設置を求める運動によって設置された駅であり、当時の鉄道省からは駅が必要な地域とは見られていなかったのである。

東十条地域に駅が設置されなかった理由は、推測の域をでないが十条駅から歩けない距離ではないと思われていたからではなかろうか。とはいえ、台地の上にある十条駅との行き来は不便きわまりない。東北本線に横切られているだけの地元民にしてみれば駅設置を求めるのは、自然な流れだったのだろう。

こうした微妙な時代のズレが、栄える十条、寂れた東十条というビミョーな優劣を生み出したのだろうか。けれども、取材のなかで明らかになったのはビミョーな優劣が、あくまで外来者である取材班の主観に過ぎないという事実であった。十条に比べて、東十条が劣っているような話を切り出した時に、多くの地元民は首をかしげるのだ。それも、栄えている側の十条の人々が、である。

ここまで記してきたように、十条駅は首都圏でも屈指の混雑路線である埼京線オンリーの駅。池袋や新宿方面に出かけるのならば問題ないが、秋葉原や東京方面にでかけるには不便この上ない。そうした時、十条駅周辺の人々はどうするのか。「赤羽駅まで行ってから乗り換えることもあるけど……たいていは、東十条駅まで歩く」

そう、商店街もたいしたことなく関係性は弱いと思われた両駅だが地元民にしてみれば、歩いて行ける便利な場所にある駅なのである。それどころか、十条に住んでいながらもなかには「東十条のほうが便利」という人もいるのだ。

その理由は、ライフスタイルにある。十条の繁栄の原点は商店街。それゆえに夜は閉まるのが早いし商店街の活気に押されてスーパーやコンビニが脆弱なのである。対して、東十条には製紙工場の跡地に開発された団地にちゃんとスーパーがある。それどころか、2015年には入り駅前に深夜1時まで営業しているスーパーが誕生しているのだ。すなわち、京浜東北線沿いで会社勤めをし

一見寂れているようにみえる東十条駅だけれども人通りが絶えることはない。腐っても京浜東北線

ている人にしてみれば東十条は決して劣っている地域ではない。おまけに十条の人々にとってもスーパーがあって便利な地域と見られている。

そんな便利になりつつある東十条にある日本製紙倉庫跡の再開発は、街の便利さをさらに強めることになるだろうと期待され、２０１８年に大規模マンション、ザ・ガーデンズ東京王子になった。ところが、周囲を見渡してもほほ昔のまま。いつもの北区ならではの風景に巨大なマンションがあるという珍奇な光景になってしまった。

結局東十条は周囲の再開発でもないと街の様子は変わりそうもない。

再開発で十条は変わるのか マンションと高架化の衝撃

十条にも変化の時がやってきた?

赤羽の観光地化はどこ吹く風とばかりに、いまだ下町の風情を残している十条。夕方ともなれば十条銀座は買い物客で混雑する。行列する惣菜屋なんかがあるのも、この地域の特徴。また、いまだに平屋建ての十条駅はなんともいえぬ風情がある。どこもかしこも再開発でビルを建ててみたりして、駅前が金太郎飴化している中で、十条だけはいつまでも変わりそうにない……と思っていたら、そんなことはなかった。いよいよ十条にも再開発の波が押し寄せようとしている。なにせ、街を歩くと再開発に反対する旗と共に賛成の看板も目にするようになったし。十条の住民にとって再開発は非常に関心のある話題になっているようにみえる。

十条駅前にタワマンという愚策

いまだに駅が平屋で23区なのにあまり高い建物が目につかなかった十条駅周辺にもいよいよタワマンの波が押し寄せている。新日鉄興和不動産は２０２０年の完成を目標に地上40階建て・約５４０戸のマンションを建設予定。東京五輪を前に23区ではマンションの価格が急騰。だが、マンションバブルも東京五輪まで持たずに崩壊を始めている。不動産経済研究所によると２０１８年の初月契約率は首都圏平均で62・１パーセント。好不調の境目の70パーセントを下回り27年ぶりの低水準だ。それでも駅前マンションだけはいまだに人気が高い。池袋・新宿へ電車で一本の十条は有望なフロンティアと目されているのだ。

前述した道路工事を含めた再開発は既に国や都に認可されているが、これに対しては反対論も根強い。なにしろ計画が進めば立ち退きが迫られる住戸は約３００軒にのぼる。災害に強い街の整備などの理想を掲げても容易には受け入れることができないものだ。２０１７年には１２０人の地権者が認可の取り消しを求めて東京地裁に提訴し、争われている。地権者側の主張は道路事業の都市計画決定は１９４６年で内閣の認可を受けておらず、当初の図面も存在しないため違法だと主張。延焼防止の効果も限定的だとしている。

交通網の整備や災害に強いまちづくりを目指して道路を新設しようとしても、既にある街を破壊して事業を進めるのは非常に困難。都内のあちこちでは、なんとか説得して行政が買収した土地が歯抜けのようにできて、次第に面積が広がっている光景を目にする。今どき、土地収用法を用いたりして強制的に立ち退きなんていうのはなかなか困難なこと。ゆえに、十年単位で時間をかけて買収するのが当たり前である。でも、とてつもない悪手である。ホントに道路ができるのか。できるとしてもいつできるかわからないわけで、住民や商工業者も身動きのとりようがなくなり街が緩慢に死んでいくのである。

ともあれ、再開発によって十条の光景はガラリと変わる。マンションになるのは十条駅西口の左手。十条銀座側は現在のままということになりそう。ただ、２０１９年になり十条駅そのものの整備も本格化することが決まり、街全体が激変する可能性も出てきている。

高架駅で十条の街は完全に死ぬ

東京都とＪＲ東日本の計画では、２０１９年度中にＪＲ赤羽線（埼京線）十条駅付近の連続立体交差化に向け、国の認可を得る方針。高架化に伴う調査・設計や工事などを都がＪＲに依頼する形で事業は計画されている。

現在明らかになっている計画によれば、対象区間は北区十条台一丁目〜中十条四丁目の延長約１・５キロで、補助第85号線など6カ所にある踏切を除却する。事業区間のほぼ中央に位置する十条駅は当然高架化される。

この高架化の工事、市街地の中かつ列車の本数も多いため、ものすごく手間ががかかる。『建通新聞』２０１９年3月20日付の記事によれば、まず、最初に埼京線の東側に上り線の仮線と仮ホームを敷設。上り線の現在線を仮線に切り替え、上りの現在線とホームを撤去する。次に上りの現在線跡地に下り線の仮線と仮ホームを敷設して下り線を仮線に切り替え、下りの現在線とホームを撤去。この後に、現在線の跡地に下り計画線の高架橋を構築し、ホームや上屋、防風壁を設置。下り線を計画線に切り替え、下り線の仮線と仮ホームを除却する。最後に下りの仮線跡地に上り計画線の高架橋を整備し、ホームや上屋を配置する。上り線を計画線に切り替え、上り線の仮線と仮ホームを撤去して事業を完了させる。整備着手から11カ年で完了させるとしている。つまり、完成するのは東京五輪どころか大阪万博の後。リニアが開通した数年後ということ。遙か未来を目指しての計画ということで先見の明があるようにも思えるが、その間ずっと街はごたごたした雰囲気が続くということか。

　駅前にとりあえずタワマンを建設して、駅や街を整備していくという再開発。これは全国あちこちで行われているものだ。このシリーズでは首都圏はもとより全国で、そのようなスタイルの再開発を見てきているのだが、だいたいこの再開発を経てバラ色の未来になっているところはない。多少、前よりはマシになったかなと思われるのは、大田区の京急蒲田駅周辺だろうか。ここの場合、京急線が地上を走っていたために、交通量が多いにも拘わらず開かずの踏切があり、それを解決するという明確な目的があった。結果、駅前にはベデストリアンデッキが建設されたりして従来の下町の風景はガラリと変わった。でも、周囲の街が活性化している雰囲気はみじんもない。駅前の商店街は、むしろ存在理由を失って沈滞している。結局、昨今の再開発というのがある程度テンプレートに則して行われるために、街の特徴は失われてしまうのだ。

しかし、北区はこの再開発に乗り気である。２０１９年5月には北区は新たな十条駅のデザインをどのようなものにするか駅舎の新しいデザインの募集まで始めている。現在の十条駅の駅舎は23区なのに平屋ということで十分に味がある。高架駅になると、その特徴はもちろん消滅。そして、こんな形でアイデアを募集すると、だいたいが素っ頓狂なデザインになるのが定番。タワマンができ、便利な高架駅にはなったけれどもなんの特徴もない単に池袋に近いだけの街になってしまう未来が容易に想像できてしまう。踏切を解消するなど交通渋滞を解消するためには、高架化は優れたアイデアである。でも、狭い土地で高架駅をつくって駅を整備するとだいたいが悲惨な構図になる。筆者は、先日別件の取材で西武池袋線の大泉学園駅にいく機会があった。この駅を降りたのも十数年ぶりだったのだが実に驚いた。駅前は整備されて便利になっているように見えるのだが、ペデストリアンデッキとかが整備されたところで駅前のロータリーが狭いのは変わらない。結果、えらく狭苦しい雰囲気になってしまっているではないか。十条駅の西口ロータリーも同様で、決して広くはない。こんなところに高い建物がニョキニョキと乱立すれば、えらく雰囲気の悪い街ので き上がりである。

予測される未来は赤羽化

こうして生まれ変わった十条にやってくる未来。それは赤羽に続く観光地化であろう。現在、大人の週末趣味によって赤羽の街は荒らされている。駅前が再開発で整備されることが知られるにつれて、その波は十条にも押し寄せてくるだろう。「都会に残った最後の下町スポット」とかなんとかいう感じで。葛飾区の京成立石駅周辺なんて再開発が本格化してから観光客がドッと押し寄せるようになっているし。単に再開発だけではない。十条の崩壊にトドメをさすのは、浮かれた観光客だ。

高架化にはマイナス要因も懸念される。普通は通行がスムーズになって良いことずくめだが、その便利さが壊すものもあるのだ

北区コラム 4

腰の落ち着かない長崎屋になにがあった!?

激安の商店街を利用する地元民によって繁栄している十条駅周辺。この街はスーパーマーケットに頼ることなく、商店街によって独自に繁栄しているように見える。

けれども、十条の商店街は一度も変わることなく商店街の魅力だけで栄えてきたわけではない。かつては、スーパーマーケットを中心にして人が集まり商店街も栄えるという、ごくごくありがちな光景が見られた。それが、一定の年齢以上の人には十条とイコールで考えられている長崎屋の存在である。

今やドンキホーテの子会社となり全国で両手に余るほどしか店舗を持たない、長崎屋。だが、90年代までは国内でもトップクラスの総合スーパーとして知られていた企業であった。長崎屋が十条に、巨大な店舗を構え、十条を代表していた時代があったのである。

その長崎屋が十条に進出するという話が持ち上がったのは、１９７１年のことだった。進出を決めた土地は、もともとゴム製造会社の工場だったところだが火災により閉鎖。それを買収した長崎屋は当初ボウリング場を建設する計画を立てていた。しかし、住宅地に接した場所でのボウリング場建設には住民たちの多くが反対。それを受けて長崎屋サイドはスーパーを建設することを提案したのである。

これに驚いたのが、商店街だ。十条銀座商店街、十条富士見銀座商店街、十条中央商店街では「長崎屋問題対策委員会」を立ち上げ、店舗出店への反対運動を展開する。なにしろ、長崎屋の出店予定地の面積は９００坪あまりに及び、十条銀座商店街すべての売り場面積よりも広かったからである。

数年に及んだ反対運動の末に、区長の仲介で敷地のうち250坪を北区が幼稚園用地として買い上げ、100坪を公園用地として提供。営業条件は地元商店街と協議という条件がまとまり1974年、長崎屋十条店はオープンする。当初は、商店街との協議で食料品は扱っていなかったが、途中から反対を押し切る形で取り扱いを始めたという。けれども、存在した20年間を通じて決して売り上げの芳しい店舗ではなかったようだ。

長崎屋全体の不振の中で十条店も1994年には、閉店を余儀なくされる。わずか20年しか存在しなかったスーパーにも関わらず、なぜか十条では「長崎屋のあったころ」という表現が時代を表す言葉として用いられている。

第5章
苦闘が続く「旧都」王子
復活の決め手は原点回帰

東京の近代史がぎゅっと詰まった王子のあれこれ

製紙工場だけじゃない重化学工業の王子一帯

王子の歴史は、日本の産業史と密接に関わっているといっても過言ではない。王子一帯の産業の変遷は、日本の産業の変遷とほぼイコールなのだ。

ここまで記してきたように、王子を中心に現在の北区が産業地域として発達した契機は、製紙産業の拠点となったことだった。王子の産業拠点としての価値は、千川上水と石神井川の水が豊富に使えたことが大きい。幕末に、江戸幕府が現在の醸造試験所跡地公園に大砲製造所を設置したのを皮切りに、明治に入ると鹿島紡績所、そして王子製紙に代表される製紙関連の工場が次々と建築されていく。

製紙工業では、さまざまな薬品が使用される。そこで政府によって用紙製造工場が建設されると、印刷局は必要な薬品を得るために苛性ソーダや硫酸工場なども建設する。これが民間に払い下げられたのが、日産化学工業の前身にあたる大日本人造肥料である。こうして、王子一帯は南北に走る鉄道を挟んで、西側の高台には住宅地が広がり東側の低地帯には工業地帯という風景が生まれた。今では考えられないが、王子は鉄道が走り隅田川の水運も利用できる重化学工業地帯だったのである。

戦後、焼け野原から再出発した王子の工業には変化が訪れる。人口の多い、都心部に近いことを利用した軽工業の発展である。

出版・印刷と、その関連産業や衣服などの工場も乱立し、北区の工業はまた新たな形で発展を見せていったのである。

スラムの存在すらもはや無かった過去

しかし、東京の拡大と共に王子、そして北区の工業は大きな変化を迎えることになった。ひとつの契機となったのは、1959年に成立した「工業等制限法」であった。この法律は、特定地域への産業と人口の過度の集中を抑制し、分散させることを目指すものだった。

また、この法律は、王子一帯の工場群の発展を完全にストップさせるものだった。というのも、この法律では制限区域内で工場の新設・増設を禁止していたからである。これに加えて、化学工場に住宅地域が近接するということから、公害対策も足かせとなった。そこで、全国に次々と重化学工業のコンビナートが建設されていった1960年代から大規模工業は次々と移転。それにともなって、関連する製品を製造する工場も一緒に移動していった。中には、新たに農地から転用された区内の浮間あたりに移転する工場もあったが、多くは県外への移転であった。

王子周辺では、王子重化学工業、保土谷化学、千代田油脂と次々と工場が移転し、1976年には地域の産業の象徴的存在であった十條製紙も移転して姿を消した。

こうした大規模な工場の跡地に次々と建設されたのが住宅であった。高度成長にともなって増加する首都圏の人口の受け手として、便利な場所であった。そのため、移転した工場跡地のほとんどは、都営、公団、民間のいずれかの形でベッドタウンとして再開発されていったのである。

このように、幕末から明治維新以降の産業革命から高度経済成長期の全国各地におけるコンビナート建設へと、時代の趨勢と共に王子の街はガラリと姿を変えた。戦前戦後を知る地元住民に聞くと、かつては工場のあった低地にはスラムも広がっていたという。けれども、そんな面影は今ではほとんど見られない。昭和の面影ですら飛鳥山公園の陰になるような形で数軒が残る飲み屋、あるいは、駅東側の路地のような飲み屋街くらいしかない。それを除けば、駅を一歩離れれば途端に郊外の住宅地のような光景が始まるのが、王子という街の特性なのである。

実は王子銀座商店街は、十条銀座商店街と並んで空襲で焼け残った街だ。しかし、十条銀座が昭和の香りを濃厚に感じさせる街として継続しているのに対して王子には、不思議なことにそんな香りはまったくない。時代の変化に併せて街もガラリと姿を変える。それが王子という街の特性なのである。

もはや東京では残り少なくなった路面電車。王子の景色には路面電車のもつノスタルジックさも大きな要素となっている

北区の中心は王子！唯一の巨大道路が通るという特殊性

ここは都心か郊外か　カオス過ぎる王子像

王子駅から王子神谷駅方面。すなわち、京浜東北線よりも東に位置する再開発によって誕生したともいうべき王子。そのあたりをウロウロしていると妙に「東京じゃない感」を感じる。隅田川を挟んで足立区があるわけで、まだまだ東京ど真ん中のはずなのに感じてしまう感覚。それは、京王線や小田急線の果てにある三多摩。あるいは、東京に近いほうの埼玉県で感じるものに近い。そう、ここは都心とは違う郊外だという雰囲気が拭いきれないのだ。

その郊外に来た感覚を与える要因となっているのが、北本通り（国道１２２号線）という整備された巨大な道路が貫いていること。これに加えて、明治通り（都道307号線）の拡張計画の進展と共に周囲の建物は次々と建て替えられている。そこに誕生するのは、マンションと元の敷地をさらに分割したようなマッチ箱のような戸建てである。表通りでは、そうした新しさを放つ建物が軒を連ねる一方、少し通りを外れたりすれば、古ぼけた巨大な団地群が姿を現す。かと思えば、ところどころに由緒のありそうな古い家もあったりする。そうした建物を見ていると、次第に王子という街が都心と郊外のどちらに分類されるのだか、わからなくなってくる。

けれども、ひとつだけハッキリとしておきたいことがある。それは、北区の中心が王子であるという確固たる事実である。いくら赤羽が有名になろうとも、それは不動ということだ。

腐っても精神的故郷　それが王子のスゴさ

王子が北区の中心だというと、ほかの北区の人々はどう思うだろうか。おそらくは、文句をいいながらも「まあ、仕方ない」と納得せざるを得ないのではないか。不満を持ちながらも納得せざるを得ない理由は単純。かつては、栄えたかもしれないが、今ではなにもない……ということである。

実は、今回の取材にあたって王子は北区の中心なのか否かは、ひとつの重要なテーマとなった。実のところ、いくら赤羽が有名になろうとも北区の中心は古くから発展した王子であるという事実は変わらないと思っていた。ところが、取材を進めるにつれて次第に自信がなくなってくる。例えば、王子駅が最寄り駅だと思っていた区立中央図書館。住所を見れば十条台だし、傍の公園の標識には「十条駅７００ｍ　王子駅１０００ｍ」と記されていたのである。

こうして、取材の中で王子＝北区の中心というイメージは完全に崩れた。実のところ北区は明確な中心を持たない地域と考えるのがよいだろう。大田区における蒲田、中野区における中野、足立区における北千住のように絶対的な地位を持つ中心地がないのである。杉並区における高円寺・阿佐谷・荻窪のようにいくつもの小さな中心地が集合している地域に似ているのである。そして、杉並区よりも地域のターミナルであることを主張するような色合いが薄いのも北区の特徴であろう。こうしてカオスな状況が生み出されているのが北区なのである。

それを象徴するのが、北区役所だ。手狭になるたびに拡張と建て増しを繰り返してきた北区役所の構造は複雑怪奇である。なにしろ、2号館の隣が5号館。1号館はどこかと地図を見なければ迷ってしまうし、その1号館も最初は「どこが正面入り口？」と迷ってしまうのは確実だ。外来者から見れば、区役所が自ら珍奇な地域が揃う中心地のない北区というイメージを象徴していることに、区民たちは気づいているのだろうか？

それでも、王子一帯が北区の中心といえる理由。それは文化的な優位である。古来より、王子神社と王子稲荷神社のふたつの神社がある王子は、北区民にとって精神的な故郷としてイメージされてきたのである。そして、北区民ならば、行ったことのない者のいない飛鳥山公園。江戸時代から行楽地として栄えたこの公園を、北区民の多くは王子駅側から利用する（だから、休日になるとモノレールはいつも大行列）。これに加えて、中学生くらいになれば必ず遊びに行くスポットであるサンスクエアもある。惜しまれつつ閉館した王子シネマは、北区に最後まで残った映画館であった。

王子は北区内の交通の要衝でもあるが、今の感じだと本当に「必ず通過するけど訪れない」場所になってしまうかもしれない

つまり、王子は多くの北区民にとって文化と娯楽の中心地として認識されてきたという経緯がある。だから、どんなに赤羽が飲み屋で有名になり、十条が安い物天国としてテレビで特集されようとも、なにもなくなった王子が、なんとなく北区の中心として認識されているのである。でも、現在進んでいる変化、もしくはあまりに変化しないことによって、その意識も次第に薄くなっているかもしれない。

このままでは、王子は本当に飛鳥山があるだけの、単なる乗換駅になってしまう。

京浜東北線とバスと都電とを乗り降りする人が行き交う北本通り周辺は常に混雑が絶えない場所だ

ひたすら建て増しで迷路のような状態になっている北区役所。区民も正面がどっちかは知らないぞ

王子ブランドは成長中ついにタワーマンションも建つ！

王子に不足しているものは

これは旧・滝野川区全域にいえることなんだけれども、王子には23区に住んでいる感じがある。それでいて、飛鳥山公園があるし都電が走っていたりと古い東京の雰囲気が残っているのがいい感じだ。

オシャレな店などは皆無だけれど、交通の便もよくて住みやすさを感じる王子だが、北区の中でもマイナーな感じは否めない。その理由はやっぱりマンションの少なさであろう。日本製紙の倉庫跡地に開発されたザ・ガーデンズ東京王子は話題になった。これが話題になったのは、やっぱり王子にはそれまでなかった大規模な再開発だからである。ただ、ここ「王子」とは銘打たれているけれども、まったく王子じゃない。南北線の王子神谷駅も使えるけれども最寄り駅は東十条駅だ。それに東十条駅からも王子神谷駅からも距離は少しある。それに、周囲にはあまり店がないというのが難点だ。もちろん大規模開発された値段高めのマンションなので施設は揃っており、敷地内にサミットストアがあるので買い物には困らない。共用施設の特徴としては敷地内にドッグランやバーベキュースペース、そしてカフェがあることが挙げられる。うん、こうした施設が「充実していて便利」と思う人ならオススメだが、そうじゃない人には向かない。バーベキューを楽しめる感性の人ならオススメなんだろうけど。ちなみに、管理費や修繕積立金は月額2万円程度。固定資産税は年間15～17万円程度だと思われるので、それが妥当と思うかどうかが住む住まないを決めるラインであろう。

足立区なのに王子なマンションがいっぱい

移住者目線で見た時に、もっとも駅チカで人気が高いのが王子飛鳥山ザ・フアーストタワー＆レジデンスである。なにしろ、こっちは本当に王子である。それも王子駅からは徒歩一分という好立地のお高そうなタワーマンションだ。

いや、値段を調べて見ると、さすが徒歩一分の立地だけあって相応に高い。中層階が中古で７０８０万円。それも３ＬＤＫで68・１９平方メートルである。驚きの値段に対して部屋はちょっと狭め。それだけ人気の物件になっていることが窺える。京浜東北線沿いの会社に通勤しているとすれば、立地は最高なんだけれども二十年あまりローンを払って買うにはもうプラス10平方メートルほど広いほうがいいと思うのだが、駅から徒歩一分のためには部屋の面積は犠牲にしてもいいのか。

そんな価格になるのも、やっぱり人気は高まっている地域なのに物件が少ないからだ。２０１９年７月現在で京浜東北線各線の中古物件を探してみると王子駅圏内の物件は少ない。赤羽駅は１５１件なのに対して、王子駅は１３３件。ほかの地域の駅で見てみると品川駅３５２件。大井町駅１４３件。大森駅３２０件。蒲田駅２９５件となっている。もともとが住宅密集地であり大規模開発を行うスペースがないために、マンションの物件数も少ないのは仕方がない。

それでも人気が高まっているためか、けっこうとんでもない範囲まで「王子」になっている。なんと足立区新田にあるマンションなのにマンション名が「王子」になっている物件すらあるのだ。ちなみに立地は王子駅からバス15分の後徒歩4分である。「足立区ってけっこう近いね!」なんて思うわけがないだろう。これまでも江東区で枝川なのに木場だと言い張るマンションとか、売るために無理矢理な物件は見たことがある。それでも、枝川は運河を渡れば木場という位置関係だから、まだなんとか許容範囲。ここまでくるとやり過ぎである。それだけ王子という地名がブランド力を高めているということなのだろうか。

とはいえ、5000万円程度でファミリー向けの物件を探そうと思えば王子でも困難である。まず専有面積が70平方メートルを超えている物件が中古でもなかなか見つからない。前述の王子飛鳥山ザ・ファーストタワー&レジデンスなんてまだマシで専有面積が61・6平方メートルとかもっと狭いのに3LDKの物件なんてのも、当たり前に存在している。おまけにそれなのに駅から徒歩10分、20分くらいの物件も当たり前なのである。これが足立区の新田とか鹿浜なのに「王子ですよ」と言い張っている物件だと、相当に緩和される。値段も安くて70平方メートルが出てくるのである。最寄り駅は王子だけど住所は足立区の人たちって「どこに住んでいるの？」と尋ねられた時にどう答えているのだろうか。

足立区のほうがマシか？　いや歩いて健康に？

さすがに足立区なのに王子じゃ、いくら広くても遠いしイメージは悪い。そうした需要を受けてかマンションの開発も始まってはいる。最近注目されているのは、豊島にあった日本油脂工場跡に建設中の仮称「北区豊島四丁目計画」である。豊島という地名からわかるとおり「王子だ」と言い張ることはできるだろうが、やっぱり王子駅までは遠い。王子駅まではバスを利用することになるだろうが、混雑時で10分程度と予測される。毎日、混雑するバスに乗って通勤する暮らしが何十年も続くことを考えると陰鬱な気分になる。ただ、徒歩20分程度であれば、まだ歩けるので健康にはよさそうな気も。また工場跡地の大規模開発のため、スーパーなどの施設も整備される予定。なにより、対岸は足立区だがこっちは北区。やっぱりイメージは段違いである。現在の北区の住みたい街人気の高まりを見ると、もとより足立区なのに北区みたいな雰囲気だった新田や宮城あたりの北区化はさらに進むと思われる。そうだとしても、住所がちゃんと北区なのはイメージがよい。新たなベッドタウンとして発展する可能性も期待できるだろう。

もうひとつ王子周辺のマンションで期待されているのが船堀二丁目のマンション。これは、印刷局宿舎の向かいにある土地を利用した大規模開発だ。将来的には、印刷局宿舎も高層マンションになるのではないかという予測もあり、再開発が本格化するという期待もあるようだ。とにかく都心に近くて便利だけれども物件が少なくて駅チカはとても買えないというのが王子のマンション事情。なにより、王子駅周辺であればスーパーもたくさんあって買い物に不便はないのだが、駅を離れると途端に店は少なくなる。昭和な雰囲気の個人商店も少なくなった今となっては、まともな店舗がコンビニ程度という地域もざらだ。なので、マンション開発をしてもスーパーも同時にオープンするような大規模開発でなければ、住むに住めない物件になってしまう。このあたりも、デベロッパーが参入しあぐねている理由であろう。

このように、王子は比較的不動産価格が安くて住みやすいイメージの強い北区において特異な地域になっているといえる。駅周辺は、いわば高級住宅地なのである。なんというか、駅近くは値段が高くて住めないから周囲に「うちもそうだよ！」と際限なく広がっていった自由が丘のようなイメージがある。あと、神楽坂とか。それだけ、王子という地名は価値のあるブランドになっているということだろう。北区の中心地のような顔をしている赤羽に比べると、もとは高級住宅地もあった滝野川区の一角であるだけにイメージはよい。

おそらくは駅前に飛鳥山公園という情緒のある公園があることもイメージアップに貢献しているのだろう。今後、王子という地名はブランド力をアップしていくことになると思われる。そう王子＝オシャレみたいな感じになるのだ。そのうち十条あたりにも王子って名前のついたマンションとかできそう。

ついに王子にも巨大なタワーマンションが出現。レトロな魅力よりも老朽化した感もあった王子の雰囲気はこの建物で変わるのか

陸の孤島状態が続く神谷地区 住民はどうやって生活している!?

工業地帯から一変した新旧が混在する街

　住宅地と団地、そして学校が集中する文教地区を持つ王子神谷駅の東側。特段、名所旧跡や人の集まる施設があるわけでもなく、まずなにか用もなければ区民ですら行ったことのない地域だろう。

　地名の多くの「豊島」が占めるこの地域は、パッと見は静かな住宅街である。ここは、時代の流れによって大きく姿を変えた地域だ。もっとも目につく敷地の広い学校が集中する地帯。ここは、もとは陸軍の火薬工場の広大な敷地が広がっていた。戦後になり空き地となった土地に学校が次々と建設されて文教地帯となった。隅田川沿いに広がる豊島五丁目団地も、高度成長期に入り日産化学工業が移転したことによって建設された団地だ。こうした一大製造地帯には、いくつもの鉄道の引き込み線があり、それがそのまま道路へと転用されている。

戦後しばらく時間が経ってから住宅地として発展していったという経緯もあってか、土地の雰囲気に歴史を感じさせるものはまだ少なく、新興の開発地域という雰囲気が色濃い。とりわけ、王子神谷駅の周辺は、１９９１年に駅が開業してから再開発が進んだという事情もあってか、マンションや真新しい住宅も多い。それに加えて、高度成長期に建築された建物も更新の時期を迎えている。そうした狭間の時期にあって、この一帯は古いけども新しいという、ちょっと変わった地域となっている。

そんな奇妙な土地には、どのような人々の営みがあるのか。

この地域の住民は、ざっくりと王子神谷駅を中心として暮らしている人々と、王子駅を中心としている人々とに分類される。その理由は、公共交通機関の使い勝手の違いである。豊島五丁目団地から王子駅に向かって都道３０７号線沿いは、やたらとバス路線が手厚い。かつて、王子駅から日産化学工業の工場に向かって、ほぼ一直線に建設され工場地帯を貫いていた道路は、いまでも幹線道路になっている。ここを走るバスの多くは隅田川の向こうにある足立区の西新井から江北や宮城地区を通ってやってくる。すなわち、足立区民にとっても欠かせない足である。そこに加えて、多くの人口を抱える豊島五丁目団地もあるわけだから、バスの本数が多くなるのも当然だ。乗客の少ない日中の時間帯でもバスが2台続けてやってくる様子は、容易に目にすることができるのである。このバスのポテンシャルは実に高い。「王子駅を中心に」とは、書いてみたが実際に豊島五丁目団地あたりから乗ってみたら、王子駅で降りる人はほとんどいない。なぜなら、バスの多くは王子駅を経由し池袋へ直通しているからである。つまり、地図で見ると都心に行くのも不便に見える住民は、わずか210円で乗り換えする手間もなく池袋まで出かけることができるのである。古くからの団地や住宅にかわって、小綺麗なマンションも増えているこの一帯。実は、交通の便もよい住みやすい場所だったのだ。

一方で、このバス路線から離れた地域の住民は、この恩恵にはあずかれない。ゆえに、とぼとぼと歩いて王子神谷駅から都心へと向かうことを余儀なくされる。それゆえに、外に出かけるのが億劫なのか、バス路線から離れるほど中規模以上のスーパーが充実しているのである。スーパーは賑わっているものの、この地域の商店街には、すでに賑わいはない。多くの店舗はすでに商売をやめてしまったのかシャッターは閉まったままになっている。それでも、まだシャッターを開いている店はけっこう賑わっているのだから不思議だ。

賑わっている店のほとんどは、総菜や弁当を扱う店である。そうした店がいまだ賑わっている理由は明白。この地域にはなぜか驚くほどコンビニが少ないのである。牛丼屋やファーストフードにいたっては皆無である。ファミレスも豊島五丁目団地の前に一軒あるだけだ。このファミレスの隣にはコンビニもあるのだが、豊島五丁目団地を中心に広がる巨大な人口を、このコンビニ1軒でカバーしていることが、この地域がコンビニ不毛地帯であることを象徴しているといえる。

家で食べなければ食に困りそうな、この地域。それを補っているのがラーメン屋だ。それも今風の味に拘っているような店舗はほとんどない。いわゆる「中華料理」と書かれた暖簾が掛かっているような昔ながらの店（町中華）。中には店舗を建て替えているところもあるが、大抵は昔ながらのテーブルが油でべトつく感じがする懐かしい店である。もはや、都心でも少なくなってきた、そうしたタイプの店舗が現役で賑わっている。それは、この街が建物が変わろうとも気取らずに暮らせる昔ながらの労働者の街であることを示している。

※　※　※

労働者の街から一転し、新住民も増えつつある王子。それを見越してか大型店舗もオープンするようになってる。最近住民の間で話題なのは豊島五丁目にオープンしたビバホームである。ビバホームといえば、日用品から資材までが揃うホームセンターだが、首都圏でも店舗数は少ない。2019年3月にオープンした、この豊島五丁目店でようやく9店舗目である。ホームセンターというのは不思議なもので、それがあるだけでグンと住みやすさはアップする。この店舗は、スーパー文化堂も一緒に入居しているので、もうここだけで普段の生活は完全に満たされる。これまで、商店の少なさにあえいでいた王子外縁部の生活が急速に変わろうとしている。

北区コラム 5

王子の飲み屋街は火事なんてへっちゃら?

この本の取材を始めた時、終戦直後の王子の風景を古くからの住人に聞く機会があったのだが「昔はスラムみたいなところがたくさんあった」という話は印象的であった。かつて王子には、終戦直後から形成されたというバラック街があったようだが、これは昭和の終わりには既になくなっていたようだ。

そもそも、工業地帯であった王子駅の周辺には終戦直後から闇市が形成され、その中から新たな飲み屋街が形成されていった。それが現在の駅の東側にある、さくら新道と西側にある柳小路の飲み屋街である。柳小路のほうは、幾度かの建て替えを経ているようだが、現在も昭和レトロな感覚を残す飲み屋街として栄えている。

もうひとつのさくら新道は、東京でもほかには新宿のゴールデン街くらいしかないのではないかというほどの、木造長屋がそのまま残る場所であった。そ

こは、終戦直後の風景がそのまま続いているような時の止まった空間であった。

しかし、そのさくら新道も今では僅かな店が残っているに過ぎない。というのも、長らく王子駅前にある異空間として存続してきた店舗の多くが火事で焼けてしまったのだ。２０１２年１月に起こった、この火災は京浜東北線を５時間にわたってストップさせてしまうほどの大火災であった。それまで３棟あった長屋のうち２棟は焼けてしまい、現在では１棟を残すだけになった。

この火事の前から、あまりにディープな場所として注目を集めていた、さくら新道は火事を経て多くの実態が知られるようになった。もともと終戦直後の１９５２年頃に建設されたという建物のうち、2011年でも店舗として営業していたのは数件に過ぎず、多くは住宅となっていたそうだ。

そして、この建物自体もどういう都合なのか、都有地に建てられいて、地代を支払う形で存続していたそうだ。火事以前にも、都からは立ち退きの話があったそうで、2011年の火災によっていよいよ立ち退きをめぐる動きが本格化するのではないかともされている。

現在、焼け残った建物では2軒の店が営業中だが、インターネットや各種雑誌では実際に店を訪れた記事もしばしば掲載されている(というわけで、決して一見さんお断りの店ではないようだ)。

もはや、いつまで続くかわからない終戦直後の風景。これも観光スポットとして盛り上げたほうがよいのではなかろうか。

第６章
住民が北区だと思っていない セレブ地区「滝野川」の秘密

滝野川区って知ってます？王子と一緒にされちゃあ困ります

北区だけどここだけ超金持ち地帯だった

同じ北区のはずなのに、王子・十条・赤羽とはガラリと風景を変えるのが滝野川や西ヶ原あたり。どちらかというとプロレタリアートな雰囲気が漂う北区の中で、このあたりだけはブルジョアジーな雰囲気が漂っている。文京区方面から本郷通りを北に進んでいけば、区の境を越えてもまだ文京区が続いている気分になるだろう。北区に入ったんだなと感じさせるのは、コミュニティバスの愛称が文京区は「Bーぐる」なのに対して北区は「Kバス」と、いきなりダサくなること。近隣の台東区が「めぐりん」だったり、それなりにセンスのある愛称をつけているので、余計にダサさが強調される感じがするのである。

旧滝野川区基礎データ

最大人口	13万705人（昭和15年国勢調査）
主な産業	農業（蔬菜種子、滝野川葱、滝野川牛蒡、滝野川人参など）
小学校数	9校
中学校数	1校
高等教育機関	2校（東京高等蚕糸学校・扶桑女子中学）

※『北区史』などから作成

1935年の東京主要地域の人口

滝野川区	11万4514人
麹町区	6万327人
神田区	13万6906人
日本橋区	11万3871人
京橋区	14万7334人
芝区	19万776人
麻布区	8万7857人
赤坂区	5万8700人
四谷区	7万6321人
牛込区	13万340人
小石川区	14万7135人
本郷区	14万1215人
下谷区	19万524人
浅草区	27万3693人
本所区	27万8194人
深川区	21万4175人

※東京都公文書館サイト掲載資料より抜粋

戦前は、現在の区の面積の1割あまりを軍事関連施設が占める軍都であり、巨大な工業地帯であった北区。とはいえ、工業地域としての北区の歴史はあくまで、かつての王子区での出来事にすぎない。1947年に東京35区を再編して22区が誕生するまで、滝野川区は王子区とはまったく異なる歴史を歩んできた。かつての滝野川区は現在の地名では上中里、栄町、昭和町、滝野川、田端、田端新町、中里、西ヶ原、東田端などけっこうな地域を占めるわけだが、とりわけ滝野川や西ヶ原はまったく別個の歴史を歩んできたという自負が強い。この地域の人々のアイデンティティは、北区にはなく区境を越えて文京区や豊島区と密接に関わっているというのが、実情なのである。

電車を使わなくてもよい金持ちのための街だった

滝野川一帯の中心となる駅といえば、まず王子駅……。確かに滝野川あたりを散策しようと思うと最寄り駅はここだ。けれども、この駅を利用するのは限られた人々に過ぎない。住民の中には巣鴨駅や駒込駅を通勤通学に利用してい

る人もけっこういる。これでは、北区にアイデンティティを持たないのも当然だ。とりわけ、巣鴨駅を使っている人には染井墓地（豊島区）を通り抜けている人も多いという。染井霊園といえば多くの文人墨客の墓があることでも知られる公園墓地。毎日、行き帰りに、その空気を吸っていたら北区とも縁遠くなるのは当然だろう。

　そう、かつての滝野川区。その中心でもある滝野川・

西ヶ原は文京区本駒込、豊島区駒込と三つの区にまたがって特殊な文化圏を形成してきたのである。もともと、飛鳥山を中心に江戸時代は行楽地として繁栄した一帯は、風光明媚な土地であった。武蔵野台地の東端に位置する土地は眺望も抜群。そして、市街地の喧噪とはかけはなれた、長閑な土地が広がっていた。それが開発されるようになったのは、明治になってすぐのことであった。

現在の本郷通り、すなわち日光御成道（岩槻街道）は、脇街道ではあるものの、将軍が日光に参拝する時に利用する整備された道であった。現在、西ヶ原に残る一里塚は日本橋から二里＝約8キロ。これを東京の中心地から適度に離れていて、かつ行き来するにも便利。そう考えるのは、自分の足でトコトコ歩いたり、鉄道を利用したりする必要のない、基本的には運転手付きの車を利用する、超ハイクラスな人々であったのだ。現在も資料館などに名を残す渋沢栄一を筆頭に古河市兵衛、大川平三郎など、多くの実業家、そして政治家たちも、この地に居宅を構えた。それとともにあたりは高級住宅地として開発されていったのである。

現在、東京の高級住宅地といえば田園調布などが思い浮かぶ。でも、田園調布が開発されたのは関東大震災以降の話である。もとより江戸時代から人々が集う土地であり、明治初期から開発された、こちらの土地に文化の蓄積度で太刀打ちできるはずもない。

最近は誰も使わない地名になっているが、現在の文京区本駒込は「大和郷」と呼ばれる超高級住宅地であった。大和郷から拡大してきた住宅街が滝野川といえ、ここを中心軸として区の境など関係なく一体化してきたのが、かつての滝野川区の人々だったのである。

中心である滝野川・西ヶ原は都電を利用しなければ駅から遠くて、決して住むには便利な街ではない。それでも、このあたりを歩くと敷地面積の大きい家はけっこうな数があるし、最近建設されたであろうマンションも、なんか高級。そして、妙に空が広い。そんなハイソな雰囲気は「決して、旧王子区に飲み込まれたりはしない」という、歴史と文化に裏打ちされた住民たちの自負の表象なのではなかろうか。

3度の拒否も実らず！北区に飲み込まれた滝野川の悲劇

由来はイマイチ不明でも伝統だけは北区ピカイチ

前項に記したようにかつての滝野川区は、区の境を越えてひとつのまとまりを持っている土地であった。街の雰囲気からして、極めて庶民的な北区のほかの地域とは一線を画す滝野川区がなぜ王子区と合併することになったのか。そして、なぜ区の名前が北区となってしまったのか？　そこには、滝野川住民のプライド、抗しきれない現実などが交錯する物語が隠されていたのである。

そもそもの豆知識として記しておきたいのは滝野川という地名の由来である。この地名、「川」という文字がつくのだが、過去から現在まで滝野川という川が存在したことはない。地名の由来にかけては唯一無二の存在といえる『角川日本地名大辞典』（角川書店）によれば、かつては「たきのかば」とも称され「滝之川」「滝野河」「滝川」といった表記のゆれがあったという。そして、川もないのにそのような地名がついた理由には、近くを流れる石神井川の流れが滝のように轟いていたからとも、豊島氏の家臣・滝野川氏が支配していたからともいわれ、判然としない。いずれにしても、古くから地域の中心であったことは明らかなようで、奈良時代には豊島駅が置かれ、平安時代末期には豊島氏の居城である平塚城も築かれていた（平塚城があったとされるのが、現在の平塚神社である）。

つまり、明治に高級住宅地になる以前から、滝野川は古くは地域の中心として栄えたという伝統を持つ地域だった。けれども、その運命は明治以降に流転する。

戦後の出来事なのに資料すらないという謎

明治時代に入り1889年、滝野川村は一部を近隣の板橋町に譲渡し、上中

滝野川区合併の経緯

奈良時代	武蔵国豊島郡荒墓郷として記録に登場。豊島駅が設置されたとされる
平安末期	豊島氏が平塚城を築いて居城とする
江戸時代	岩淵領の一部となる
1868年	東京府の誕生と共に編入される
1878年	新設された北豊島郡に編入される
1889年	一部を板橋町に譲渡した上で滝野川村誕生。本郷区への編入案は頓挫
1913年	町制を施行して滝野川町となる
1932年	大東京市の成立。巣鴨町・日暮里町との合併案は頓挫。岩淵町・王子町との合併を拒否し単独で滝野川区が誕生
1943年	東京都制施行により東京都滝野川区となる
1947年	東京22区への再編。本郷区・豊島区との合併を熱望するも受け入れられず王子区と合併し北区が誕生する

※各種資料より作成

里村、中里村、田端村、西ヶ原村のほぼ全域と下十条村の一部を合併した上で、新たに滝野川村として発足する。この時、すでにつまずきがあった。この合併にあたって、東京府は新たな滝野川村を設置するのではなく、本郷区の一部として、新たに発足した東京市の市域に組み込むことを考えていた。ところが、この東京府案は東京市が大きくなりすぎて経済面で問題があるとする内務省の反対で却下されたのだ。

この時、新たな自治体の設置については、ほかの案もあった。中でも上中里村、中里村、田端村、西ヶ原村の住民たちから要望されたのは下駒込村、上駒込村、駒込染井町などを巻き込んで「駒込村」を設置するというものだった。しかし、これは受け入れられることはなく上駒込村、駒込染井町は巣鴨町と合併。一方で、少しでも市域を拡大したいと目論んだ東京府は下駒込村だけを本郷区に編入したのである。そこに隣接するにも拘わらず滝野川の人々は置いてけぼりを喰らってしまったのである。

しかし、それでも住民たちは諦めなかった。昭和に入り１９３２年、急激な都市化を受けて東京市は周辺の５郡82町村を編入。35区を有する大東京市が誕生する。それまでの15区から35区という大規模な拡大。これを好機とみた滝野川町は巣鴨町・日暮里町との合併案を打診する。当然、王子町からも合併の打診はあったが滝野川町はそれを拒否した。でも、滝野川町の熱烈なアプローチに対して巣鴨町も日暮里町も応じなかった。巣鴨町は西巣鴨町などと合併し豊島区に。日暮里町は下谷区へと編入されていった。

最後のチャンスは１９４７年、35区から22区への再編の時であった。ここにおいて、滝野川区は改めて本郷区か豊島区への編入を望んだ。この住民の思いは実を結ばず滝野川区は王子区と合併し、新たに北区として再編される。ここで気になるのが、どういう経緯で北区という地名が決定したかである。実はこれは北区が公刊している『北区史』などでも、資料の散逸などが原因で現在では謎となっている。推測するに、相当紛糾したために、当時の人々は後世に憂いを残さないために、記録を破棄したのではなかろうか。僅かな資料や古老の懐古によれば、候補となった新たな区の名称には「城北区」「京北区」「飛鳥山区」「赤羽区」といったものがあったらしい。中でも「飛鳥山区」は多くの支持を受けていたようだが、平易な文字を求める風潮が強かった終戦直後という時代。読み方が難しいと反対する声があがったのだという（終戦直後には漢字を全廃してローマ字にしようとか日本語の使用自体をやめようという議論すら真面目に行われていた）。こうして南もないのに誕生してしまった北区。だから今でも北区民は住所を聞かれると区名よりも先に地名をいう。

飛鳥山を巡る壮絶な「取り合い」の歴史

山は低くてもプライドは高い

日本一低い山として知られるのは、大阪市の天保山……だったのだが、２０１１年に仙台市の日和山が震災による津波に削られたことで、新たに日本一低い山として国土地理院に認定されている。では、23区で一番低い山はどこかといえば、港区の愛宕山（25・7メートル）。だが、実は飛鳥山はこれよりも低く、東京でもっとも低い山だと推測されている。なぜ推測なのかといえば、愛宕山には三角点が設置されており正式に山だと認められているのに対して、飛鳥山には三角点がなく、山ではなく単なる丘に過ぎないからだ。そのせいか、飛鳥山の知名度は23区でも一部地域に限られている。休日の手軽な家族のお出かけスポットとして飛鳥山を選ぶのは、文京区・豊島区・荒川区・台東区あたりの住民まで。品川区や大田区、世田谷区の住民にとって飛鳥山は「そういうのもあるのか」と、どこかで聞いたことがある程度の存在。まあ、北区民だって蒲田のタイヤ公園なんて行ったことないだろうから、痛み分けか。

とにかく、近隣住民には欠かせないスポットでありながら、メジャーになる決め手に欠けているのだ。そもそも徳川吉宗が桜を植えたのに始まる飛鳥山は、1873年に上野公園や芝公園とともに日本で最初に公園に指定された由緒正しい公園。でも、上野公園は日本最初の公園のひとつとして知られているのに、こっちは誰もが「今知った」と呟くだろう。その後も、飛鳥山がメジャーになる機会はあった。1940年に予定された幻の東京オリンピックの時だ。この時、飛鳥山は会場のひとつとして使用することが予定され広場が造成された。会場施設をめぐり色々と紛糾している2020年東京オリンピックと比較すると、こんな庶民的な場所でオリンピックを開催しようとしていたことに、ザハもビックリするんじゃなかろうか。1940年のオリンピックは中止になり、飛鳥山でのオリンピックは幻となったけど、結果として広場の原型はできたわけで、結果オーライだったかもしれない。

飛鳥山を語る時、北区民の多くが口にするのが、かつて存在したスカイラウンジ。通称・飛鳥山タワーの存在だ。滝野川寄りにあったこのタワーは丘の上に建つ高さ約24メートルの回転式展望台であった。約40分で一周する展望台は、晴れた日には東京湾までもが一望できる区の象徴。１９７０年の開業以来、多くの入場者で賑わった。しかし、時代の流れとともに、このタワーも価値を失った。とりわけ、大ダメージになったのは王子駅側に最上階に展望室を持つ北とぴあ（17階建て。飛鳥山タワーが標高約40メートルなのに対して標高約88メートル）が誕生したことであった。こうして、一日に10人も入場者がいなくなった飛鳥山タワーは１９９３年に解体されてしまったのである。滝野川側の住民にとっては、またも旧王子区の人々にいいようにされてしまったのである。

そのため、北区民の一部には「日本一短い」という触れ込みで、休日は行列も絶えないモノレール（こちらも王子側）に対し「よくもまあ、あんなのに行列を」とネガティブな反応をする人も。子供たちの笑い声の絶えない平和な飛鳥山だが、裏にはけっこうドロドロした歴史があったのである。

鉄道も立地も最高！　なのに上中里が発展しなかった深いワケ

実は隠れたオフィス街かも　周囲の施設はちょい立派だ

上中里は、本郷通りの北。京浜東北線と東北本線を挟んで都電荒川線までの南北に広がる街である。首都圏の大動脈である京浜東北線が走り、上中里駅という玄関口を持ちながら、駅に降り立つと驚く。都心からすぐの好立地な駅にも拘わらず、そこにはなにもないからである。駅の前にあるのは、数件の飲食店だけ。あとは、本郷通りへと向かう坂道。そして、その途中に鎮座する平塚神社があるだけである。

いったい、いつからこんなになにもない状況なのだろう。そう思って過去の地図も見てみたが、上中里は元来、なにもない土地であった。上中里駅が開業したのは1933年。それ以来、ずっと駅前には、ほとんど店もないという寂れた風景は一度も変わることがなかったのである。そんな場所に、なんで駅が設置されたのか。その理由は周辺に公共機関が多数存在したことによるものが大きい。住所的には西ヶ原に含まれるが駅周辺には、明治時代から多数の公共機関が立地する。現在は、つくば市に移転した独立行政法人・動物衛生研究所は、明治時代に獣疫調査所として設立され4500坪あまりの広大な土地を持つ施設として運営されてきた。その隣には農業技術研究所（こちらも、つくば市に移転）もあった。現在では、国立印刷局しか目立たないが上中里は官公庁の集中する隠れたオフィス街（？）の玄関口ともいえる地位を育んできた街だった。つまり、由緒だけは存分にあるのは間違いないだろう。

実は新参者を拒む地域なのか　住みたくなっても住めないよ

動物衛生研究所跡地は国の西ヶ原研修合同庁舎が建設されることが決まっているが、事前の埋蔵文化財発掘調査が数年がかりの予定であることからも、この地の由緒の正しさは間違いない。そもそも、「中里」は奈良時代の条里制の区画に由来する地名という説もあるくらいだから、古くから人が暮らす土地だったのだろう。そんな土地が、これだけ都心に近いのにまったく賑わいがない理由はなにか。

中央部の上中里二丁目あたりが、京浜東北線と東北本線とに分断されていて、川の中州みたいで住みにくいからなのだろうかとも思えるが、そうではない。そもそも、この街には一戸建てばかりがひしめいていて、新しい住民を受け入れる余地がないのである。街を見ると、ほとんどが一戸建て。中にはアパートもあるのだけれど、街を歩いていても、その数が少ないのは一目でわかる。大規模マンションなんて、上中里駅前に昭和の雰囲気が漂う物件があるのみで、新たな建設が行われる気配すら感じられないのだ。

どれだけ、新たな住民を拒んでいるのか。不動産情報サイト「ＳＵＵＭＯ」を使って、上中里駅から徒歩７分圏内の物件の数を調べて見たところ２０１９年７月現在で３３２件。同じ京浜東北線にある田端駅は５２９件。東十条は３０３１件である。官公庁が集中し、京浜東北線の駅がありながらも一戸建て住宅がひしめいてしまったがために、かえって発展することができなかった。発展する余地もないから、スーパーやコンビニの数も少ない。上中里は、人口を増やしていくという意味では一種の負のスパイラルの中に存在してきた地域ということができるだろう。いくら都心に近いとはいえども、食べ物を買うだけでも一苦労しそうな地域に引っ越してくる人が、さほどいるとは思えない。上中里は、このまま発展から取り残された街……いや、閑静な住宅地として歴史を育んでいくことになるのだろう。

ただ、永遠の変化のなさの中では問題も起きているようだ。もともと少子高齢化の著しい北区だが、中でも上中里にはヤバさを象徴する施設がある。東北本線の梶原踏切のところにある「上中里ふれあい橋」と名付けられたエレベーターつきの跨線橋がそれ。ここ、踏切があるのに、事故が多発しているからエレベーターの利用を推奨する看板が立っているのだ。たとえエレベーターがあっても上り下りは面倒なもの。上中里は、高齢者にとっては、決して住みやすい地域ではないようだ。

遊郭が去り何もなくなった尾久 華やかな過去を想う

都心から30分もかからずひとっ風呂あびて酒と女

なぜ、ここに駅ができたのだろうか。尾久駅には、誰もがその思いをもつはずだ。停車するのは高崎線と宇都宮線（上野東京ライン含む）だけ。駅周辺には住宅地が広がっているだけで、多くの人が利用するであろうオフィスや工場があるわけでもない。僅かに歩いて行ける距離にあらかわ遊園がある程度である。２０１８年度の年間乗車数は１万人であり近隣の田端駅の４万７４４０人に比べてずっと少ないのだ。

そんな場所になぜ駅ができたのか。それには、この街の歴史を説明しなければならない。

そもそも、駅名の尾久は北区の地名ではない。駅が所在するのは北区昭和町（開業当時は滝野川町）である。尾久の地名があるのは、隣接する荒川区の側である。区の境に沿って駅が建っていることもなく、駅の敷地はすべて北区に含まれる。それなのに、隣の尾久という地名を冠した駅となった理由。それは、かつて尾久が都心からすぐ行ける遊興地として大いに賑わったからだ。

尾久駅から都電荒川線の荒川遊園地前駅、宮ノ前駅あたりは今では純然たる住宅地となっている。近年は、マンションや新築の建て売り住宅も目につくようになってはいるが、昭和の香りの残る住宅地が多くを占めている。でも、これは戦後しばらくを経てできた姿だ。かつて、ここには大人も楽しめる空間。あらかわ遊園を中心とした尾久三業地が栄えていたのだ。今の尾久の街はすべての繁栄が消えた後の姿に過ぎない。

尾久が北区・荒川区双方のほかの地域とは異なる発展を遂げた原因は、１９１４年にこの地で尾久温泉が発見されたことだった。それまで、尾久は多くの用水路を持つ純然たる農村地帯に過ぎなかった。だが、温泉の発展によって街はまたたく間に姿を変える。この温泉を核に温泉旅館が建ち並び、三業地が形成されるようになったのである。三業地とは、料理屋（旅館）と芸者屋と待合（待ち合わせや会合のための場所を提供する貸席業のこと。芸妓との遊興や飲食を目的として利用される。現在の京都のお茶屋に相当）の三つの業態の営業が許可された場所のことである。戦前の法律では、待合には娼妓を呼ぶことは禁じられていたが、芸妓と客が同宿することは黙認されていた。すなわち、温泉で汗を流した後に酒から女まで、なんでも楽しめる男たちの社交場が形成されたわけである。

この温泉が発見される前年の1913年には王子電気軌道（現在の都電荒川線）も開通していた。そのため、尾久は都心からも路面電車ですぐに行ける手軽な歓楽街となったのである。そもそも、酒と女を除いても尾久温泉は、泉質そのものの評判がよかった。この温泉が発見されたのは、現在の尾久警察署近くにある碩運寺という寺の井戸である。当初、住職が井戸水の水質がよいために焼酎の製造に適しているだろうと、水質調査を依頼したところラジウムが発見されたのだ。最近は、少々下火かもしれないが、昭和の後期までラジウムは、マイナスイオンやらなにやらと同じく、その言葉だけで健康になるような類いのものであった。ゆえに評判は評判を呼び、東京では誰もが知る歓楽街・尾久が形成されたのである（ここで気づくかもしれないが「温泉」とはいっているものの実態は沸かし湯である）。

その反映に目を付けて開業したのが「荒川遊園」であった。現在では荒川区が運営しているが、当初は個人経営だったとされる。そこに設置されたのは、観覧車など子供向けの遊具ではなく大浴場や演芸場……すなわちスーパー銭湯的施設が運営されていたのである。昭和初期に発行された『新版大東京案内』という資料によれば１９２９年の段階で、尾久三業地の芸者置屋は59軒。浅草の２８４軒、赤坂の１４３軒には及ばないものの、けっこうな規模で栄えていたことが窺える。そんな場所であったからこそ、尾久駅は繁華街への玄関口として開業したのだ。

その繁栄は、戦争を挟んでも止むことなく、昭和30年代までは多くの芸妓屋が栄えていたという。しかし、その歓楽街は高度成長期に入ると急激に衰退する。最大の問題は都心部における地下水くみ上げの問題だ。工業用に大量にくみ上げた地下水は枯渇やゼロメートル地帯の発生を招いた。そのため都内各地

尾久駅からあらかわ遊園は徒歩圏内。もちろん都電を使った方が、お出かけしている気分にはなる

では地下水のくみ上げ量の規制や禁止が相次ぐようになる。結果、くみ上げた鉱泉を軸としていた尾久は急速に衰退を余儀なくされる。さらに、レジャーの質も変化し、大規模工場も次々と都心部から移転し、歓楽街としての尾久の姿は過去のものとなっていったのである。近年、そうした歓楽街としての尾久の姿を懐かしむ声もあるが、立派な黒塀を持った待合のような建築物は、もはや何も残ってもいない。

　何かを核として発展した街は、その核を失うと急速に変貌するが、尾久はあらかわ遊園が残っているだけマシともいえるのだが。

あんまりにも田舎っぽい尾久駅。実際知名度的には教習所があるくらい、なんてのが北区以外の23区民にとっては正直なところか

もはや尾久三業地の面影などまったくない。今では情緒のある下町の商店街っぽい風景が続く土地

北区コラム 6

北区になぜかそびえるゲーテ記念館

西ヶ原にある東京ゲーテ記念館。

ゲーテといえば『若きウェルテルの悩み』を始め数々の作品を記してきた19世紀ドイツの文豪である。そんな人物と北区とに、いったいどんな縁があるのだろうか？

この記念館は、個人でゲーテを研究してきた粉川忠が私財を投じて開設した施設である。粉川は実業家として成功した人物だが、むしろ日本におけるメディア論の先駆者である批評家の粉川哲夫の父親といったほうが通りがよいだろう。粉川哲夫といえば、和光大学や武蔵野美術大学で教鞭をとり、学生の期末試験でロックバンド・スターリンのライブをやったとかアナーキーなエピソードで知られる人物（１９８９年に和光大学の現象学の授業としてマジに行われテレビでも報じられた。遠藤ミチロウが昭和天皇のTシャツを着ていたり、そも

そも単位をどうやって認めたのかは意味不明）。その父親もまた、実業の傍らでひたすらゲーテの研究に打ち込んだ奇矯な人物であった。

粉川忠は戦前に茨城師範学校を卒業している。その在学中にゲーテに出会ったというから、当時としては相当の知識階級であった。そんな粉川が実業の世界へと身を投じたのは、やっぱりゲーテが理由。ゲーテの資料を収集しようとすれば資金が必要である。そこで、会社で金を儲けてゲーテの資料を集めることにしたのである。実際、醤油の醸造機械を自ら開発して工場をつくり成功したというから、やる気と商才の両方に長けた人物であったことはまちがいない。

阿刀田高が直木賞を受賞した小説『ナポレオン狂』には、ナポレオンに関するものならばなんでも集めたがって、ついには殺人まで行ってしまう南沢金兵衛という人物が登場するが、このモデルとなったのが粉川である（ちなみに阿刀田はよほど粉川が印象深かったのか長編『夜の旅人』でも、モデルとされる人物が登場している）。

単に資料を収集するだけならコレクターで終わってしまうが、粉川は集めた資料を分類し研究に役立てることにも心血を注いだ。15年をかけて「ゲーテ十進分類表」なる分類法を、独自に考案したのである。かつては、研究者など限られた人間しか利用することができなかったそうだが、現在では一般利用も可能になっている。ただし事前に必要な文献を申し出なければならないのでハードルはやっぱり高い。一般人は記念館前のゲーテパークで記念撮影くらいが関の山だろうね。

第７章
田端を襲うストロー現象
南からの侵略とどう戦うか

街のほとんどが線路！巨大鉄道都市田端の実態とは

東田端の7割は鉄道の線路！

田端は鉄道の街である。実際には尾久、中里エリアまでこの鉄道エリアは延びているのだが、その中心は東田端だ。地図をみると、東田端がいかに鉄道だらけかということがわかる。数字をみても、東田端の人口密度が平方キロあたり約7800人。鉄道施設の集中する東田端二丁目では約6400人だ。ほとんどが住宅地の田端が約2万1千人。こちらも比較でもおおよそ3分の1。つまり、東田端の6～7割程度が線路並びに鉄道施設なのである。これを田端、東田端、田端新町の全域に当てはめてみても、約22パーセントの土地が鉄道関連施設なのである。それでいて、3町を合計した人口密度は約1万7千人。北区全域が約1万6千人、23区全域だとおよそ1万4千人。比べてみると多いのである。この計算式で鉄道施設を除いた田端エリアの人口密度を算出すると約2万2千人。かなり高い数字だ。ＪＲの通信技術センターなど東田端以外の施設もあるので、正確な数字はこれよりもっと大きくなる。つまり、田端は広大な鉄道用地と高密度の住宅地が併存する土地なのである。

さて、そんな鉄道だらけの街田端は、どのような機能をもっているのだろうか。まず、最大のものはＪＲ東日本東京支社だ。ＪＲ東日本の本社は新宿（代々木）にあるが、東京区部と常磐線全域を管轄する重要な支社である。つまり、世界最強といわれる23区の鉄道網は、田端に支配されているわけだ。他には、貨物鉄道の拠点である田端信号場駅、少し北上して上中里に入ると東京新幹線車両センターがある。この他には社員寮など数多くの施設がある。

ターミナルになり損ねた田端

さて、このようにＪＲ（国鉄）の巨大基地である田端だが、そのわりには山手線の中でもトップランクに地味な駅になってしまったのはなぜだろうか。

簡単にいえば、鉄道網整備が進む段階で行われた試行錯誤の犠牲になった、ということころだろう。田端駅は貨物輸送の基地として発展したが、その機能はもともと上野に集約されていた。しかし、取扱量が増えすぎ、土地に限りのある上野では捌ききれなくなったため、田端がその「代替地」的な意味合いで拡張されたのである。

他にもある。田端は当初土浦線、つまり現在の常磐線の起点であった。本来この路線は今の山手線を経由して、東海道本線につながるルートであった。だが、やはり上野につなぎたい、ということで、田端駅でスイッチバックし、上野につながるようになった。しかし、上野を出てすぐにスイッチバックというのはいかにも不便である。結局、この解消のために日暮里から三河島につながるルートができる。このおかげで、田端は常磐線の駅から外れてしまう（貨物路線はまだ使われているが）。また、東北本線も「京浜東北が停まるからいいべ」ということで、田端は通過駅だ。京浜東北線と東北本線の乗換駅の地位は、赤羽駅に奪われている。本来であれば、東北線（本線、京浜東北、高崎線など）、

田端駅周辺の主な鉄道関連施設

JR東日本 東京支社	東田端二丁目	23区内のJR路線を直接管轄する。東北新幹線は東京・上野間。都外でも、常磐線は取手まで、成田線は我孫子まで、武蔵野線は南流山、新松戸までが東京支社の管轄
田端運転所	東田端二丁目	電気機関車の車両基地。寝台特急カシオペアなどの機関車として有名なEF65形などが配置されている
尾久 車両センター	上中里二丁目	皇室専用車が置かれているのはここ。他には寝台特急カシオペアの客車など
東京新幹線 車両センター	上中里二丁目	東北、上越新幹線など、東京・上野発着列車の倉庫、整備場。18本もの線路が使用されており迫力満点
田端信号場駅	東田端二丁目	JR貨物の駅。乗り入れ路線は3本。日本製紙の専用貨物線が廃止になり、北王子線も営業終了。最盛期に比べ、取扱量は著しく少なくなっている
JR東日本ビルテック 東京支社 ビル防災センター	東田端二丁目	ビルテックはJRの駅整備や鉄道のメンテナンス、不動産事業などを行うJRグループの会社。田端にあるのは防災センターで、本店は新宿のJR東日本本社ビル、東京支社は千住にある
JR東日本 フードビジネス	田端六丁目 （アスカタワー内）	JRの駅構内にあるベックスやベッカーズの本拠地はここ。駅ナカにある飲食店は、大半がこの会社の支配下か、協力関係にあるフランチャイズ参加店。何気に重要なJR関連会社だ
ホテルメッツ田端	東田端一丁目	案外意識されていないが、ホテルメッツも歴としたJRグループ企業。JR東日本ホテルズの運営するビジネスホテルグループだ。せっかくなら、同じJR系のメトロポリタンを田端につくってほしかったものだが……
JR東日本たばた荘	田端六丁目	見るからに社員寮にみえるが実はもともと保養所。ちょっとしたパーティなどができる、知る人ぞ知る施設だったが閉鎖されてしまった
JR貨物田端社宅	東田端一丁目	8階建てのまあまあ新しいJR貨物の社宅。ちょっと先にある中里社宅が見るも恐ろしいオールドスタイルの団地なだけに、必要以上に立派に見える。マルエツも近いし便利な場所だ

※各種資料より作成

田端は東西に分割して西は文京区、東は荒川区でいいじゃない。実際のスタイルはそうなんだし

山手線、常磐線のターミナルとなり、第二の上野というべき存在、東京と品川に近い関係になることもあり得たのだ。つまり、東北、上越新幹線の停車駅になったかもしれなかったわけだ。

しかし、常磐線の起点として「場当たり的」に設定されたはいいが、「やっぱ不便だわ」と捨てられたのが田端の躓き。旅客駅としての地位は上がらず、最大限の経済効果は得られなかった。なんとも無念なことである。

ただ、だからこそ閑静な住宅街となり、文士村もできたわけで、どちらが田端の街にとってベターだったのか、難しいところだ。

一見発展しているように見える田端の「表」北口

駅前広場だけは近代的だが

田端の街の表玄関は北口。一日平均約4万7千人が利用する山手線の駅。というだけあって、アトレはあるし駅前ビルである田端ASUKAタワーもある。が、実際に駅前をみた印象は、「アトレとアスカタワーしかない」という感じ。改札を出ると右には橋、左には崖際に張り付くチェーン店がいくつか入ったビルがあるだけ。道の向かいにはぽつんと大きなパチンコ店。どうにも「そこそこ繁栄している」地方都市のテイストを感じてしまう。

市街地を求めて歩いてみる。まずは左手に向かってみよう。いきなり切り立った「崖」がある。かなりの角度な階段があり、真っすぎ伸びる道は高台を切り抜いた「切り通し」の道であることがわかる。この道は、戦前に完成したものだ。

階段を上ると、まだ商店街はない。よくみれば、昔はそこそこ商店があったようにみえるが、今はマンションと駐車場。切り通しの上を通る橋を渡って右手に向かうとようやく高台通り商店街に入る。

……入るのだが、この商店街、見事に虫食い状態だ。一部の飲食店などはわりかしいい感じだが、商店街としてのグループ感はほとんどしない。切り通しの道を少し行くと駅前通り商店街に入るが、もともと店舗があった敷地にマンションが建っている虫食い状態は同じ。道を一本奥に入ると、狭い道と中規模マンション、マンション、一軒家も小さめの庭無しと、いわゆる下町っぽい街が広がっている。

なぜ、田端駅という「山手線の駅」前が、こんなにこぢんまりとしているのだろうか。やはり、崖下に駅があり、崖と線路に挟まれた「駅前スペース」が狭すぎることが最大の原因だ。だが、以前はそれなりの規模であった駅前通り商店街や高台通り商店街が寂れてしまったのは、アトレやアスカタワーに客をとられてしまったおかげなのだろうか。

アスカタワーは、1993年の竣工。田端文士村記念館は、この建物の中に含まれる。元は国鉄病院だった敷地である。ただ、このビルは基本的にオフィスビル。大戸屋など低層にはいくつかテナントが入っているが、せいぜいがその程度だ。

アトレは、小規模店舗である「アトレヴィ」。たかだか3階建てだ。入っているテナントは、もうどこにでもあるアトレ。主力はスーパーの成城石井とTSUTAYA。スタバもはいっていて基本は押さえているが、おもしろみも何もない。飲食店も3件のみ。とんかつ屋は持ち帰り店である。とっても4万人規模の駅を支えるレベルとはいえないのである。

線路の向こうはどうなっている？

「崖上」の山の手側は、このように「門だけ立派でなにもない」状態だが、東の下町側はどうなっているのだろうか。東田端は、ご存じの通り領域の大半が線路だが、一応商店街はある。田端駅を降りてえらいこと長い田端大橋を渡ると、東田端一丁目商店街がある。ここは、知る人ぞ知るそば屋があったりして一部では有名なのだが、全体的に商店はほぼ壊滅状態。さらに先に進み、東北本線の線路をくぐり田端新町に入ると、ようやく田端新町仲通り商店街に入る。隣接した本通り商店街はかなり機能を失っているが、仲通りはまずまずの状態だ。

この仲通り商店街が、田端の駅前商店街グループでは最も「昔の田端」を保存しているといえるだろう。2車線の車道に面した商店街だが、歩道部分が非常に狭く、その上でお店が思いっきり道まではみ出して商品を置いていたりするのがいかにも懐かしい。わりと立派な「ザ・昭和喫茶店」もあったりして、街歩きマニア的な楽しみもある。が、ここはちょっと駅前というには遠すぎるかな。

田端の下町エリアで、今中心となっているのはこれらの商店街ではなく、かなり南側にあるスーパーのマルエツだ。しかし、田端駅の南口は、西側の山の手側にしかない。駅を降りてこのスーパーに来ようと思うと、長大な田端大橋

駅前通り商店街の弱点は、切り通しを抜けた「向こう側」にいかないと店自体を作りづらいこと

を渡り、さらに200メートルは歩かないとつけない。東田端、田端新町の住民なら、帰り道にある、という位置関係かもしれないが、西側の住民が使うには不便すぎる立地。つまり、西側のスーパーというと、高くて狭いアトレの成城石井か、駅前通り商店街をほぼ端っこまで進んだ場所にある生協にいくしかない。

結局、田端駅は乗車客で約4万5千人。山手線と京浜東北線の乗り換えも含めると毎日8万人を超える人が利用しながら、なんとも生活臭に欠ける駅となっている。崖際に駅があり、商業地を広げにくいことがその大きな理由だろうが、それにしても駅に近い商店街ほど寂れているのはなぜなのか？

裏口呼ばわりも納得の風情 南口はもうどうにもならない？

田端の名所巡りは南口からスタート

ほぼ駅周辺限定とはいえ、一応整備されている北口に対し、南口は一種異様だ。下手をすると田端駅利用民ですらみたことのない、世界最先端の都市交通システムにはあるまじき「掘っ建て小屋」なのである。

古風な南口の建物は、本シリーズがまわってきた東北の無人駅よりも小さい。駅舎を出ると、いきなり左手には緑のフェンス、右手にはトタン屋根の物置のようなものがあり、少なく見積もっても１９８０年代くらいまでタイムスリップした感覚になる。

田端駅南口は、文字通り関東台地の東端だ。線路ははるか崖下で、西側はさらに高い高台。改札を出てほぼ目の前から始まる坂は、有名な不動坂である。不動坂から南下すると、上の坂、与楽寺坂などの坂がある。これらの坂を下ると、関東台地から低地に降りていくことになる。

で、このあたりこそが「文士の街田端」の本場だ。特に上の坂は田端文士村の中心であった芥川邸のあった場所。他にも、与楽寺の南には幽霊坂。北口方面だと、文士村記念館前の坂は江戸坂、切り通しにそってある東覚寺坂、田端保育園の下にはポプラ坂、旧菊池寛、室生犀星邸のあった八幡坂などがある。南口を出て、田端の山の手側をぐるっと時計回りにまわると、文士村の有名スポットを一周できるのだ。こうしてみると、全く近代化されていない南口は、「文士村観光」には、うってつけのロケーションともいえる。

だが、現実はどうだ。これらの坂には、簡単な説明文が記された標識はある。が、せいぜいはその程度。肝心の上の坂は、古風な石段が残ってはいるが見つけづらく、何より安っぽい金属製の手すりが興ざめだ。文豪の住んだ家が保存されているわけでも復元されているわけでもなく、まあそれは現役バリバリの住宅街の中でやるのは難しいからいいにしても、何かもうひと工夫しなければ、住民ですら土地の由来を知ることなく過ごしてしまうだろう。

愛すべき「裏口」が名実ともに「裏」に⁉

南口は芥川邸の最寄り出口だ。実際は、田端駅は何度もその構造を変更しているので、北口にしても南口にしても、文士がいたころと全く同じ場所というわけにはいかないのだが、南口はおおよそ変わってはいない。

で、その当時。というかわりと最近まで南口は「裏口」と呼ばれていた。北口は「表」。とはいっても、単に規模を示す言葉で、玄関と勝手口、くらいの感覚である。東京の街が遠望できる「裏口」にはそれはそれで風情があり、芥川もこの裏口を使うにあたり、なにがしかの感慨をもっていたのではないだろうか。

だが、文士の記憶も薄れた田端の街では、この「裏口」は本当に「裏」になってしまっている。最も象徴的なのが不動坂に沿って建っている田端駅前ホール。要するに斎場だ。ホールはすでに完成しているが、今を持っても反対運動が続いているという嫌われ者。こんなに車の入りづらい場所に、わざわざ斎場を作るというのもいかがなモノかと思うが、「斎場反対」の看板やポスターとあいまって、せっかくの「文士の幻想」が霧散していくこと請け合いだ。

また、不動坂を登り切った場所の三叉路は、みるからに「商店街の残骸」というように感じる。線路に沿って北口方面に向かうといきなりかなり広い空き地があったりして、余計に「ほったらかし感」がある。肝心の旧芥川邸も、敷地は3分割されて普通の家が建っており、往時を偲ぶのは難しい。本当に南口方面は、今やただ単に「葬式をやっている寂れた裏口」になっているのだ。

結局、戦災からの復興時に、消失した芥川邸の再建など、考える余裕はなかったのだ。大きな被害を受けた田端の街では、まあ他の北区の街もほとんどが同様だが、土地があって建物が建てられれば建ててしまう、という無秩序状態で復興を遂げてきた。そのツケが、「愛すべき裏口が失われた」こととして現れているのだろう。これはもう、誰のせいともいえない、仕方のないことだったのかもしれない。

だからこそ、今後は「のどかで美しい裏口」の復活を、念頭においてもらい

よく見ると味のある古い建物な駅舎。塗装をちょっと変えれば相当いい感じになると思うのだが

たいものだ。幸い、この一帯にあり、文士ゆかりの地でもある田端台公園の再整備が、田端の再開発計画には含まれている。これを皮切りに、少しずつでいいから、文士の暮らした街田端を住民が実感し、誇りに思えるような街作りを進めてもらいたいものだ。取り急ぎ、南口の駅舎をもうちょっと時代がかった感じにして、あのトタン屋根の物置に「文士マップ」を取り付けるあたりから始めてみてはどうだろう。

最近では新宿区の神楽坂で文士を題材にした地域振興イベントがあったりしたので、田端でもあんな感じのものができるといいのだが。

田端の特徴はなんといっても激しい坂道。坂道というか崖沿いに街が広がっているから断崖絶壁といったほうが正しい

田端は古い街なので、駅から離れたところにも生活の息吹が。全体的にはリッチな雰囲気が残っているところをもっとアピールしたい

北区コラム 7

田端が山手線駅だということの意味

田端駅は歴とした山手線の駅である。「山手線再弱の駅」とか「山手線格下ランキング第2位」とか嫌な話をされがちだが、実は大変「格の高い」駅であることはあまり知られていない。

実は、田端は山手線の始発駅なのだ。「山手線」という言葉にはいろいろな意味合いがあって、一般的には「まあるい緑の山手線」な環状線だが、JRの区分上では、山手線という「路線」は品川から田端までの三日月路線なのである。ちなみに、田端から東京までは東北線、東京から品川までは東海道線だ。

また、旅客路線よりもともとは「格の高かった」山手貨物線は、東京を通らず、田端から品川までの路線のみである。現在ではほとんどが旅客列車となっているが、山手貨物線も一応運行は続いている。活動している路線は、新鶴見信号場から田端信号場駅を通り東北線に繋がる路線と、田端信号場駅から南千住

にある隅田川駅に繋がる路線だ。新宿や渋谷の埼京線ホームから時たま見かける貨物列車は、田端を起点としている。この意味でも、田端は大変由緒正しい山手線の「格の高い駅」であるといえるのである。

さらに権威を上げるのは、天皇が地方行幸へ赴く際、原宿から出発するお召し列車は、この山手貨物線の線路を利用すること。東北方面にお召し列車が向かう際には、かならず田端を通ることになる。東京や品川は通過すらせず、新宿も池袋もホームから遠く離れた貨物線路を通るお召し列車が、田端で線路を「乗り換える」のだ。

歴史の古さでは、田端はちょっと落ちる。山手線で最も古い駅は品川駅。開業は

1872年。ついで上野駅、新宿、渋谷などが続く。田端駅は1896年の開業。最初は東北線の駅であったが、その年には因縁の常磐線の始発駅となる。しかし、品川線と豊島線が統合し、山手線となったとき、田端は最初から始発駅として君臨していた。池袋や代々木など、現在の有力駅は、このときまだ存在もしていない。恵比寿駅も貨物専用の駅だった。

このように、田端駅は世界最強の山手線の始発駅であり、歴史やその他の付加価値の面でも有数の駅である。常磐線こそ失ったが、さらに東北本線との乗り継ぎもできなくなったが、今もJRの東京支社がある23区鉄道網の司令塔だ。もし田端を馬鹿にされたら、堂々と「始発だぜ」といいかえしてやろう。ま、普通に利用する分には恩恵は何ひとつないんだけどね。

第8章
北区対周辺地域！
優れているのはどっちだ!?

実力は似たようなものでも足立区民は北区に憧れる

23区最悪のイメージはやはり足立区

23区の中でもいまだにマイナー感が否めない北区。だが、近年の認知度の高まりと共に、その優れた点も明らかになりつつある。この章では改めて北区を周囲の行政区、すなわちライバルと比較することによって北区の姿を明らかにしていくことにしたい。

さて、まずは足立区である。イメージの点では北区は足立区に明らかに勝っている。足立区のイメージの悪さと、その改善のための努力については、このシリーズで正続の2冊。さらに、加筆修正した文庫版で徹底的に論じているので参考にしてもらいたい。筆者が最初に足立区の取材を始めたのは、2006

年の秋頃である。この頃の足立区のイメージは酷かった。『文藝春秋』２００６年４月号に掲載された佐野眞一の「ルポ　下層社会」。これをきっかけに、足立区に、これまで日本には存在し得ないことになっていた下層社会が存在していることが知られ、俄然注目を集めるようになったのである。「地域批評シリーズ」の出版前後から実話誌などからも依頼を受けて、様々なディープスポットに足を運ぶことは、たびたびあった。そうした中でも「美味しいネタ」としてウケて、幾度も潜入したのは、竹の塚のテレクラだ。21世紀だというのに、鳴り続ける電話。そのへんの主婦……というより、オバサンが見知らぬ男と路上で待ち合わせて、ホテルへ直行する光景。それが、当たり前のように繰り広げられていた。路上での待ち合わせ場所というのが、なにか規則でもあるかのごとく、団地の入口付近の駐輪場。子供も老人も行き交う通りで、「援助交際」の男女が待ち合わせる。それが、真っ昼間から行われていたのである。最近、ネットスラングの一種として用いられる機会が増えて、安くなったが「闇が深い」という言葉がぴったりの光景。それが、足立区の日常だった。

加えて、足立区は東京都が２００３年度以降に実施した学力テストで最下位常連ということが、足立区＝悲惨という図式に拍車をかけた。なにしろ、２００７年には、区教委が問題を公聴会で事前に配布する。一部の小学校で、テスト中に答えが間違っていた場合に、教師が指で指し示すなど、堂々と不正を行っていたのに最下位だったのである。

北区民は足立区民よりも優秀……かと思いきや

そんな悲惨な状況から、現在の足立区は幾分か回復している。犯罪率も多少は下がって、23区ワーストを脱する年もあるようになった。加えて、北千住はターミナルとして整備が進んだ。西新井のように巨大なマンション群が生まれて新住民が流入している地域もある。

そこまでなっても、足立区が北区よりも優れているかといえば答えは否である。そうなってしまう最大の理由は交通の便の悪さである。京浜東北線と埼京線。それに山手線に接続している地域もある北区は圧倒的に都心に近い。対して足立区はといえば、どんなに便利なところに住んでも都心には遠い。北千住を経由して地下鉄半蔵門線や千代田線で都心まで直結しているように見えるが、やはり距離的優位は北区にある。平日正午に出発した場合、北千住駅からは東京駅まで24分、新宿駅34分。対して赤羽駅からは東京駅まで17分、新宿駅14分となってる。いかに足立区が努力したところで地理的優位だけは覆らない。そして、新たな副都心が開発されたりして、都心の位置が移動することもないために北区と比べるとより都心に遠いという位置づけは固定化しているといえる。

それでは、都心から遠くて不便な場所ゆえに、かつてはヤンキーの巣くうバイオレンスシティのようにイメージされたままに、足立区にはヤバい人々ばかりがたむろしているのかといえば、そんなことはない。２０１８年に実施された最新の全国学力・学習状況調査のうち中学の結果をみると正答率は次のようになっている。

国語Ａ：足立区　74・6　北区　75・4
国語Ｂ：足立区　60・1　北区　65・0
数学Ａ：足立区　63・7　北区　65・6
数学Ｂ：足立区　44・2　北区　42・1

ここで比較として東京都の平均も示しておこう。なお、この調査に参加しているのは公立校だけである。

国語A：74
国語B：57
数学A：67
数学B：55

どうだろう。北区は評判の悪い（というか最悪だった）足立区と大差がないばかりか、負けている項目すら存在するのだ。

都心に近くてそれなりに閑静な住宅街もある北区。足立区に比べるとすべての面で優れた人たちが集まるのかと思えば、まったくそんなことはない。とりわけ数学の弱さが致命的だ。この調査それぞれAとBに分類されているがBは主に応用力を問う問題。北区、足立区双方ともに数学的な応用力に弱いのだが、とりわけ北区のほうがより致命的な状態にあることが推察される結果となっている。学力が住民の質のすべてを示すわけではないが、これはひとつの指標になりえるだろう。

それでも北区の植民地化する足立区

王子を扱った章でも示したが、北区はマンション名に見られるように足立区方面へと拡大している。もっとも、これは今に始まった現象ではない。もともと交通網に難のある足立区では北区とは密接に関わっている地域は多い。都営バスと国際興行バスによって路線は新田・宮城・鹿浜・江北方面へと広がっている。とりわけ、新田と宮城は以前より北区の影響のほうが強い。この地域はもともとが荒川によって足立区の本体から切り離された中島のようになっている地域である。そして、足立区のほうに入っても中心市街までは遠い。日暮里・舎人ライナーの開通によって多少は改善されたとはいえ、都心に行くならば北区側を経由するほうが近い。さらに最寄りの大きな街といえば赤羽か王子となる地域である。だから、街そのものにも足立区の雰囲気がまったくない特異な地域として成長しているのだ。なので、新田や宮城の人たちが北区を名乗っても、まったく違和感はなかった。そこに近年の赤羽の観光地化による北区ブランドの成長をみて、足立区のほかの地域も加わっているというわけである。

中でも、もはや足立区であることを捨てて北区の一部になろうという志向が強いのが鹿浜である。マンションの名前に無理矢理でも王子という地名をつけるのは当たり前。不動産の広告でも最寄り駅が王子駅だとか王子神谷駅だと記しているところもある。この地域はおそらく、ほとんどが舎人ライナーの西新井大師西駅か谷在家駅のほうが近いと思うのだが、それでも最寄りが王子駅、王子神谷駅と名乗るとウケが違う。ほとんど誇大広告の域に達しているような気がしないでもないが、背景には住民たちにも「うちもいうなれば北区ですよ」という意識が蔓延していることが窺える。

この鹿浜というところは、舎人ライナーが開通するまでは完全な鉄道不毛地帯だったところで、極めてディープな下町が広がるスポット。いわば足立区の保守本流のはずなのだが、ブランド力と利便性ゆえに躊躇なく北区の植民地となっているのである。

こうして、北区はどんどんとその植民地を拡大していく。そっちのほうが足立区の人々にとっても幸せなのだから、なにも問題はなさそうではあるが。

急速に「北区化」が進む足立区の西部地域。日暮里・舎人ライナーが開業しても、日暮里ではなく王子、赤羽に飲み込まれつつある

足立区と北区中心部はバスで完全に繋がっている。鉄道不毛地帯時代が長かった足立区西部はもともと北区依存度が非常に高かった

新住民の流入率は板橋が上　しかし勝負はそれだけじゃない！

板橋区は北区の永遠のライバルだ

板橋区もやはり交通の便がよい地域である。北は埼玉県に接しているとはいえ、山手線の一大ターミナルである池袋はすぐそこ。場所によっては、電車で池袋駅まで4分で到着できる。ゆえに、都心ではないけれども、そこそこ便利のよい地域だ。そんなわけで、JR埼京線の板橋駅周辺は、高層マンションが次々と建設されている。埼京線といえば首都圏における「痛勤」の象徴的な路線だけれども、渋谷駅までもが20分圏内という利便性には見るべきものがある。この駅に限らず、区の南半分くらいは、帰りが遅くなっても終電で池袋駅までたどり着けばなんとかなる感がある（徒歩帰宅も可能な地域は多い）。

また、街が便利である。もともと、板橋は宿場町である板橋宿から発展していった地域。そのため、街全体に風情がある。安いスーパーもあれば、個人商店も揃っている。やたらと１００円ショップも多い。とにかく、暮らしやすい地域であることには間違いない。これは板橋駅のほか東武東上線の大山など、昔ながらの板橋の特徴だ。他にも、新興地域といえる小竹向原駅周辺は、東京メトロ有楽町線など路線数が多いこともあってか、新住民には人気の土地。同じく新興地域といえる東武練馬駅も駅前にイオンがある利便性ゆえにか、新住民が数多く流入している地域となっている。

しかし、そんな板橋区は足立区と並んでイメージが悪い。交通の便のよさにもかかわらず、ビンボーなヤツらがワンサカ住んでいる地域というイメージがある。近年流れ込んでくる新住民は、次々と建設されるマンションを購入する中間層よりも、低所得層のほうが多い時期が続いていた。そのワケは、前述したような交通の便のよさだ。都心に向かっていくつもの路線がある割に、豊島区や文京区に比べて格段に家賃が安いというのが理由である。

そんな板橋区では、就学援助を受けている児童・生徒が多い。就学援助とは、具体的には給食費や修学旅行などの費用、さらには学用品から卒業アルバム購入費などを自治体が援助をする仕組みである。文部科学省の調査では2013年度には、板橋区は援助を受けている率が全体の35パーセント未満。足立区の40パーセント未満に次ぐワーストとなってしまった。もちろん、板橋区のすべてが貧困地域となっているわけではない。都営三田線の志村坂上駅周辺の小豆沢エリアは文教地区となっている。このエリアには、芝浦工業大学の付属を始めとした私立校も点在。さらに、三田線を使えば都心の名門私立校に通いやすい点も、教育を重視する家庭には評価されているようだ。また、東武東上線の成増駅周辺にも新住民が多いが、こちらは福祉を重視してとは違うベクトルで移住してきた人々だ。こうした階層差の存在によって板橋区は北区と比べるとガラの悪い地域が目立つ街となっているのだ。

それでも都心に近い板橋区は有利？

とはいっても、板橋区は北区よりも優れているのではないかと思う。北区に比べると、より池袋という巨大なターミナルに近いからだ。ビンボー人が多いとかガラが悪いというマイナスイメージもあるのだけれど、実際に住んでいてもそれが気になることはない。別にガラが悪いといっても、限度というものがある。これは足立区でも同様だが、道を歩いていていきなり身ぐるみを剥がされるなんてことはない。せいぜい夜道が暗くて不安とか飲み屋に粗暴な人がいるとか、それくらいである。つまり実際に住んでみて感じる治安は、北区も板橋区もそんなに変わらない。ああ、このあたりはビンボーな人が多いんだなと感じるのは、選挙の時期になると某政党の活動が活発に見られるようになることくらいであろう。そう考えると幾分か池袋にエリアに近い板橋区は北区よりも優位に立っているといえる。

ただ、それはあくまで板橋区の南部などの限られた地域のこと。板橋区の繁華街は北区よりも明らかに劣っている。板橋区の繁華街としてまず思い浮かぶのは前述の仲宿と大山である。どちらも風情のある商店街ではあるものの、規模や魅力的な質量をみれば、近年ブランド化が急速に進行している北区に比べて劣っている。北区の場合、観光地化が問題とはいえ赤羽という巨大な繁華街がある。赤羽が繁華街たり得ているのは、前項で述べた足立区を植民地化していることが理由である。王子が栄えているのも同様だ。こうした外からわざわざ人がやってくるような繁華街が板橋区には存在し得ない。また十条の商店街と大山の商店街を比べた時も軍配は十条にあがる。十条商店街でいつも行列している店といえばチキンボールを10円で売っているあの鶏肉屋。大山の商店街も安い店がいっぱいあるけれども、ここまでぶっ飛んだ安さを見せてくれる店はない。おまけに、焼き鳥など惣菜をみてもほとんど値段は均等だが、微妙に十条のほうが安いときもある。積もり積もって北区、それも十条に住むならば板橋区よりもオトク感があるだろう。

スーパーの安さと規模もほぼ同一だが

決着をつけるためには、他の食品も含めてスーパーで幾らで売られているかで住みやすさを決めようじゃないか……と、思ったらそれは無理だった。スーパーの視点で見ると板橋区と北区は同一視されているのか、だいたいどちらにも似たようなチェーンが出店しているのである。北区のスーパーとディスカウントストアの数は63店舗。対して板橋区は１２９店舗である。この数の差は面積の差であろう。そこで北区（20・６１平方キロメートル）と板橋区（32・２２平方キロメートル）の広さを店舗数で割ってみると……北区は約０・３３平方キロメートル。板橋区は約０・２５平方キロメートルとなる。面積あたりのスーパーとディスカウントストアの数は北区のほうが勝っているのだ。

こうして、北区のほうがスーパーもあって便利ということが結論……かと思えば、そう単純にはいかない。これはあくまで数であってどちらの区も店がある地域に偏りがあるのだ。赤羽岩淵駅周辺は、まいばすけっとくらいしかない。板橋区も富士見町あたりのようにスーパーが極めて遠い地域がざらにある。

もともと鉄道が先に開通したというだけで栄えた北区に対して、宿場町以来の伝統がある板橋区の割り切れない思いは強い。ゆえに今後も地域対立は続いていくことになるだろう。とはいえ、新たに住むところを探しているとしたら、どっちも大差ないというのが正直なところ。ただイメージは今のところ、確実に板橋区のほうが悪いのだが。

板橋区の大型マンションはその多くが川沿いにある。北区にも隅田川沿いなどに大型マンションはあるが数の面では板橋に大きく劣る

北区との区界地域でも、地下鉄網が発達しているため案外北区に足を踏み入れる板橋区民は少なく、区民同士の交流はあまりない

豊島区なんて池袋以外は北区に負けてるじゃん！

北区は池袋の植民地なのか

北区と豊島区を比較すると、豊島区のほうが明らかに「勝っている」というイメージをもつのではなかろうか。それは当然である。豊島区には山手線の巨大ターミナルである池袋駅がある。ここは完全に副都心。さらに大塚駅・巣鴨駅・駒込駅と山手線の駅が続いている。どこの駅も栄えているのは事実。それに、十条や赤羽など埼京線沿線に住んでいる人は、池袋に通勤通学している人が多い。そのために、ここに住むことを選んでいる人は実際多い。

つまり、足立区を植民地にしている北区だけれども豊島区との関係でいえばこっちが植民地になっている感じすらある。とりわけ植民地度が高いのは旧滝野川区の西ヶ原界隈であろう。このあたりは、住所が北区になっているが、意識は豊島区であることは否めない。中でも西ヶ原四丁目周辺の住民は北区に住んでいるけれども赤羽はおろか十条にいくことも少ない。このあたりの住民にとっての最寄り駅は都電の西ヶ原四丁目駅か巣鴨駅・大塚駅である。普段は都電で大塚駅経由で通勤通学している人もいるが、都電は終電が早い。そのため か巣鴨駅から歩いて染井墓地を抜けて帰宅している人をざらに見かける。けっこうな距離があると思うんだが、慣れると気にはならないようだ。巣鴨といえば、老人のための原宿というイメージが強いが腐っても山手線の駅である。完全に植民地支配されているにもかかわらず、西ヶ原住民は自分たちは山手線沿線住民という意識を強く持っているのだ。

実は植民地じゃない？　北区優位という真実

これと同様な意識を持っているのが西ヶ原一丁目や中里四丁目界隈の住民たちである。こちらは最寄り駅は駒込駅になる。こちらは西ヶ原四丁目付近よりもよりさらに北区の要素に欠けている。その原因となっているのが商店街だ。染井銀座商店街とか霜降商店街などは、もはや北区と豊島区のハイブリット地域。住んでいる住民もどちらに住んでいるかはあまり気にしていない様子だ。

北区と豊島区の関係性において、北区は豊島区に侵食されているようにも見えるのだが、諍いがあるような雰囲気は一切無い。このハイブリッドな雰囲気がもっとも多いのである。この原因は、豊島区が北区同様、まったくオシャレでないことにあるだろう。副都心池袋は、賑やかな繁華街だけどオシャレかといえば違う。埼玉への玄関口として独特のダサさを醸し出している。もしも、隣り合っているのが港区だったりしたら、北区民は「まあ、うちも実質港区みたいなもんですよ」なんていうエセ住民が氾濫したであろう。ところが、豊島区はダサかった。真似たり、憧れたりする要素はまったくない。なので、地味な北区は特に優劣を争うこともなくうまく融合できているのである。

もちろん豊島区にもダサくない地域がある。南部の目白台方面は、本物のセレブも住んでいる地域である。区内には名門といわれる学校も多く、立教、学習院という有名大学にその付属中・高校がある。他にも、女子御三家を猛追する豊島岡女子学園、有力進学校の一角に名を連ねる巣鴨、十文字など多士済々だ。しかし、こうした豪邸や学校などがあるエリアというのは豊島区の南側。つまり北区と接してはいない。むしろ豊島区と接している北区のエリアは、もともとはセレブが住まう土地として開発された地域のほうが多い。今ではセレブも少なくなったけれども、旧古河庭園のような地域が残っている。そう、普段は豊島区の駅を利用する住民が多いために植民地化されているのだが、実態は逆。ハイブリッド化というのは北区のほうが「まあ、ダサい豊島区に合わせてやるか」という状況で起こっているものなのだ。北区は歴史的・地理的な要因によって豊島区には実は負けてないという状況を作り出しているのである。

そうだよ、豊島区にもいいところがあるよ？

そう、池袋のダサさを念頭において改めて視点を変えてみると豊島区は実は北区に負けているんじゃないかと思えてくる。確かに池袋は繁華街だし通勤通学をしている人は多い。けれども、そうした住民は単に通勤通学をしているだけ。池袋を差し引いて考えた時に、豊島区には山手線の駅が複数あることを除き、完全に優位性が失われる。池袋以外の駅でみると、北区の中心駅のほうがよっぽど繁栄している。例えば、大塚駅。ここに対応する北区の駅といえば赤羽駅であろう。大塚駅も駅前は整備されオシャレな駅ビルはできたけれども駅周辺は昭和。ボウリング場の入っているビルのネオンとか、とても21世紀の山手線の駅とは思えない雰囲気だ。確かに風情はある。飲み屋街も賑わってはいるが赤羽ほどの繁栄は感じない。かといって十条ほどの便利さはない。このことは、巣鴨にもいえる。賑やかではあるけれども、実際に住んでみての使い勝手では北区の繁華街に叶わないのだ。

しかも、豊島区へ移住するハードルは北区よりも高い。中古マンションの物件数をみると北区よりもさらに少ない。そして条件も悪い。まず目に付くのが最寄り駅が埼京線の板橋駅なのに「池袋」を名乗っている物件だ。これには理由があって板橋駅のほうが近い豊島区の住所が池袋本町だから。確かにウソはついていない。でも最寄り駅が板橋なのに「池袋に住んでいる」と主張するのはあまりにも無理がある。

そして山手線沿線とか内側になるということもあってか妙に値段が高い。新大塚駅あたりのマンションでもファミリー向けだと８０００万円台はザラである。東京メトロ丸ノ内線の新大塚駅は池袋方面へ通勤通学するならば便利な駅である。交通の便はよいけれども、駅前の繁華街はショボい。大塚駅まで歩けないこともないけれども、不便な生活を強いられることは想像に難くない。これなら通勤ラッシュの苦痛を味わっても赤羽・十条に住んだほうがマシだ。さらに、ショボいのにマンション価格も豊島区価格なのが目白と東長崎だ。まず、目白は名門・学習院大学がある山手線の駅。だが、それ以上のものはなにもない。あまりに名門すぎるのか、学生街として繁栄しているわけでもなく、人口減で悩んでいるような地方都市でもまだマシと思うくらいに店がない。駅前に小さなモールがあるけれども、入っているのは高級スーパー。生活者にはまったく優しくない街だ。東長崎のほうはまだマシで最近は庶民向けのモールもできて便利になってきてはいる。だが、そのモール以外に生活に関わるような店はほぼない。池袋がある。山手線の駅がある。様々なうたい文句で都心のイメージをつくり出そうとしても豊島区は北区に劣る不便な地域なのである。

大塚駅もそれなりに整備はされているが、周囲の商店街は赤羽に比べ遥かに落ちる。悪い意味での昭和が残っているという感じか

豊島区のショボさをアピールしてきたのだが、西巣鴨に高層マンションができてしまった。区界地域における北区優位も危うい？

急速に発展する日暮里エリアをもつ荒川区と北区の実力差は？

日暮里のマンションは北区よりもお得？

北区の東で境を接する荒川区は、東京23区でもかなり地味な区だ。その地味さは北区を凌ぐ。そもそも面積は狭いし人口は少ない。日暮里、西日暮里は有名な地名なのだが一般的な知名度としてはそれほど高くない。日暮里・西日暮里が荒川区だと知っている人のほうが少ないのではなかろうか。

ただこの荒川区というところは、地味なくせに北区よりもポテンシャルが高い。まず近年になって発展が著しいのが日暮里、西日暮里だ。この地域は再開発が進み、駅前にタワーマンションが立ち並びだしている。とりわけ発展が続くのが日暮里。ここはもともと、東京東部の下町に住む人々にとって、都心との乗り換え駅でしかなかった。そんな地味な駅に新規住民が増えている。しかも、日暮里エリアの中古マンションはファミリー向けの70平方メートル３ＬＤＫで５０００万円～６０００万円クラス。山手線駅な上に、ここ数年の間に東京23区ではマンションの価格が高騰しているはずなのに結構安い。それも、駅から徒歩20分とかのインチキくささはなく、十分に徒歩圏内の物件が６０００万円を切っている場合が多い。山手線の駅に接続している地域でこの価格は驚きである。都心に通勤するなら、赤羽や十条よりもこっちに住んだほうが便利そうだ。

そんな地域だから山手線から離れて北へ向かうとさらにマンションの価格は下がる。北部の北野地域とは日暮里・舎人ライナー沿線エリアのことだ。この地域は、長らく鉄道不毛地帯で、都電荒川線は通っていたが、日暮里、北千住という主要ターミナルまで微妙に遠い不便な地域だった。しかし、日暮里・舎人ライナーの開通で、日暮里駅を利用できるようになった。ならば地域も発展しマンションの価格も高騰しているかと思えば、まったくそんなことはない。沿線の赤土小学校前駅・熊野前駅で70平方メートル３ＬＤＫの中古マンションを探すと、いよいよ5000万円を割る価格になっている。ただし、逆に住宅地のためかマンションの数は少なく駅から離れた物件ばかりである。それでも23区に5000万円以下でマンションを買える地域なんてほかにない。この原因は日暮里・舎人ライナーの沿線環境にあるだろう。開通以来、この路線は足立区の鉄道不毛地帯を発展させる起爆剤となった。おかげで足立区では開発が進んだわけである。荒川区の人々にとっても交通の便がよくなったのは確かであろうが、やっぱり足立区に繋がる路線というイメージはとてつもなく悪い。そのことがマンションの価格に影響しているのだろうか。

通勤・通学を考えると便利なのは北区

ただ、足立区に繋がる路線だからといってニューヨークの地下鉄みたいに乗っているだけで危険だなんてことはない。では、実際の移動時間はどうだろう。平日正午に熊野前駅を出発した場合、東京駅へは29分380円。新宿へは34分359円である。赤羽駅からは東京駅へ21分216円。新宿駅へは14分216

円である。あれ、荒川区のほうが東京駅へは近いはずなのに随分と時間が。おまけに運賃も高い。通勤定期にした場合には熊野前駅～東京駅は１カ月１万３６６０円。赤羽駅～東京駅は６４６０円と明らかに差がでる。高校の通学定期の場合は熊野前駅～東京駅は１カ月６８７０円。赤羽駅～東京駅は１カ月６４６０円。なるほど差はずいぶん小さくなるけど、それでも移動費は随分とかかることがわかる。

確かに日暮里や西日暮里に住んでいるのであれば、北区よりも優位に立つことができる。この点で北区が争うことができる地域は、田端しかない。一応、尾久駅というのもあるけど、あまりにも閑散としているので除外。ところが、日暮里・西日暮里という限られた地域を除けば北区が圧勝なのである。なによりも北区のほうが移動する場合に、気分的な面でも利便性は高い。多くの地域で東京駅や有楽町駅方面へも、池袋駅・新宿駅方面へも移動がしやすいのだ。逆に荒川区に住むと新宿なんて年に何度もいかないところになってしまいそう。もちろん、それでも十分に生活をしていくのに支障はないのだけれども、非常に限られた文化圏で暮らすことになってしまうではあるまいか。

山手線だけど駅前の発展具合が足りない荒川区

また、駅前の生活に必要な店の数だと日暮里・西日暮里地域は確実に北区に劣っている。もちろん、北区でも田端駅はとても山手線の駅とは思えないといわれることがある。でも、これは北側に限っての話で南側は十分に開発が進んでいる（商店街はイマイチだが）。第一、荒川区が誇る日暮里だって、駅の西口は田舎の駅みたいになっているのだから笑えない。その上で、駅前の商店の充実度などの総合力を測っていくと日暮里・西日暮里はやっぱり赤羽や十条には叶わないのである。

メインの地域ですら北区に敗北しているのだから中心部の繁華街である町屋界隈なんて言わずもがな。町屋駅周辺まで来ると70平方メートル３ＬＤＫの中古マンションがいよいよ３０００万円を切る価格になる。でも、これは普段の居住環境を犠牲にしてのものである。利便性を感じるのは、それこそ千代田線沿線に通勤・通学している人くらいだ。

そんな事情もあってか、日暮里周辺を外れた北区との境界線エリアでは、荒

おもいっきり荒川区内にあっても田端を押してくるマンションが点在。地味だといわれる北区だが、荒川の地味さはその上

川区が北区の「侵略」を受ける結果となっている。荒川区なんだから、少々遠くても「日暮里圏内！」をアピールすればいいものの、「ここは田端！」と言い張るマンションなどは非常に多いのだ。これこそ、ブランド力でも北区、田端が、なかなかの実力をもっていることの証明といえるだろう。

　こうして周辺地域との比較をしてみると、北区の魅力が改めて浮き上がってくる北区の魅力。もちろん周辺の地域に圧勝できているというわけではないが、互角以上の勝負はできている。

北区コラム 8

没個性の象徴といわれる区名は変えるべき？

2019年春、北区を騒がせたのが改名騒動だ。3月に実施された区長選の候補者が、北区の区名変更を住民投票で行うことを政策のひとつとして掲げたのである。なるほど、地味な区名に対する住民ならではの怒りがあるのかと思いきや……目的は「変更となれば、23区制が始まって以降初めてで、大きなニュースバリューがある」というものだった。そんな数日で過去の話題になりそうなことを政策にするなんて！　実際の選挙戦の報道でも候補者が掲げる政策のひとつとして新聞やテレビは取り上げたものの、イマイチ話題になることはなかった……。

とはいえ、北区という地名に個性は欠片もないのは事実である。もともと北区は王子区と滝野川区が合併して誕生したもの。どちらも味のある地名だと思うのだが、合併した途端に北区という凡庸な地名になってしまった。合併にあ

たっては区の中心にある飛鳥山を用いた地名にする案のほか、城北区や京北区という地名も有力視されていた。しかし、結局わかりやすさ優先で北区になったのである。だが、合併した１９４７年当時はこれでよかった。なぜなら北区という地名は当時名古屋市にしかなかったからだ（名古屋市北区は１９４４年に誕生）。ところが、この後全国に続々と北区が誕生してくる。１９５５年に京都市に北区が。１９７２年に札幌市に、１９７３年には神戸市にも北区が誕生。さらに１９８９年に大阪市でも。さらに２０００年を超えると政令指定都市になった都市が「特定の地名を付けると揉めるから、方角で」という理由で次々と北区を誕生させた。現在、北区は全国

に12カ所。さらに海外に目を向けると、韓国に5カ所、台湾に4カ所。香港とマカオにそれぞれ1カ所がある。おかげでネットで情報を検索する時も、いちいち「東京都　北区」と入力しなきゃいけない手間がかかる。などというと「そんな下らないことで……」と思われるかもしれないが、誰もがスマートフォンを持つこの時代、案外これは「ネック」になる。すでに実用化された音声入力が今以上に発達すると、ネット検索はより一層気軽かつ生活に欠かせないものになっていくと思われるので、こうした「検索最適化（ＳＥＯ）」対策が、将来的に、大きな問題となることはあり得るのである。

しかし、謎なのは、政令指定都市移行の際に雨後の筍のように「北区」が出きる時に、本来の北区からもクレームがつかなかったこと。まさか、首都に位置する北区がほかの凡庸な北区と混同されることなどない、などと考えたのであろうか。

それにしても、仮に改名するとなった場合でも、有力な案である飛鳥山区でもまだ凡庸な気がしないでもない。もっとオリジナリティのある区名でインパクトを狙うのがいいかも。ああ、平仮名・カタカナだけは勘弁な！

第９章
北区の特別な幸福生活を守るために

パラダイスシティ北区が崩壊もはやお得な街ではなくなった!?

北区らしく地味でわかりづらい大きな変化

前作である『日本の特別地域 特別編集70 これでいいのか 東京都北区』では、北区を「デフレが生んだ理想郷北区」と称した。ほんの4年前、デフレ不況にあえぐ日本の中で、便利だけど知名度が低く、それなのにお安く便利な高スペックシティである北区は、まさに理想郷にみえたのである。

しかし、ほんの数年の間に、その理想郷は崩壊した。いや、2015年当時から、すでに崩壊は始まっていたのかもしれない。

さて、ここまでいいきってしまったので、それを証明しなければならない。まずみていきたいのは住宅事情だ。すでに北区の住宅は「お得」ではなくなっている。住宅は一戸建てにしてもマンションにしても、地面の上に建っている。当然地価と住宅価格はリンクしているわけだ。そして、北区の地価は上昇している。それもなかなかの上昇率だ。

とはいえ、２０１３年の「異次元緩和」つまり強烈な金融緩和以来、東京の地価は上がっている。23区におけるこの間のアップ率は約19・６パーセント。わずか5年と少しで2割アップしたわけだ。

しかし北区のアップ率は22・７パーセントと、23区平均を上回っているのだ。元の価格が高い土地のこと。３パーセントといえども、1億円なら３００万円。大規模マンションなどでは土地代だけで10億円を軽く超えることも普通なので、単純に北区は他の地域よりも数千万円「土地代だけ」で不利な地域となっているのである。

しかし、北区の住宅事情悪化は地価だけではない。これまで北区の「安さ」を支えていた「駅から微妙に遠く（とはいえ遠すぎない）」地域のマンション建設が一段落つき、今度は懸案だった駅から徒歩数分エリアの開発が増えてきた。便利な土地だから当然高くなるわけだ。

新築だけではなく、中古マンション市場も微妙だ。築30～40年の比較的古い中古マンションがあらかた売れてしまい、「ビルはボロいが場所は最高」的な掘り出し物がめっきり少なくなった。それでいて、平均築年数自体はアップしているわけで「中途半端に古い」コストパフォーマンス的にイマイチな物件が増えているという状況にあるのだ。

そして、最大の問題は「もう北区に新しくマンションを建てる土地が残っていない」ことだ。２０１５年から２０１７年の３年間、北区では毎年１０００戸弱の新築マンションが作られていた。これが、２０１８年には４８２戸へ減少。２０１９年７月現在で１７７なので、残り５カ月を加味して２倍としても４００戸には到達しない計算だ（「マンションエンジン」より）。

つまり、もはや北区には、安くもなく、多くの条件から選ぶこともできない状況しかないということ。これまでの北区は、その知名度の低さとイメージの希薄さ（悪さ）から、条件が良くお得な物件が（他の地域に比べ）選びたい放題という「パラダイス」は失われてしまったのだ。土地が埋まってしまった場合、この条件悪化傾向は変わらない。当面楽園が復活することはない。

ダメージ増加はこれから　安い物価はいつまで持つのか

地価はすでに上がっている。だが、今回の調査では、生活物価の変動はあまりみられなかった。成長こそしていないが、一応デフレスパイラルからは脱出した昨今なのに、北区は相変わらず買い物天国のままである。

しかし、これも長くは持たないだろう。円安誘導により、日本企業の業績は回復したが、食料品を始め、多くの資源を輸入に頼っている日本では、円安が進むと当然輸入品の価格は上がる。ここ数年のレートは１ドル１００円ほどから１１０〜１２０円へ上昇。少ないときでも10パーセント近く輸入価格は上がっている。これにより、特に大きな影響を受ける石油価格などは上昇中。ここ数年で一番安かったのが２０１６年始めのレギュラー１リットル１００円ほどで、現在は１３５円程度。野菜や肉は国産も多いが、それを産地から運ぶのには燃料が必要だ。物価はどうしても上昇傾向になる。

そんな中、北区の商店はなんとか頑張って、以前に近い価格を保っているが、この「抵抗」はいつまで続けられるのか。しかも、インフラ整備による交通利便性の上昇や、強力なライバルとなった川口の「出現」も手伝って、北区の商店は大幅に売り上げを落としている。なんといっても、2007年から2014年の7年間で、小売店が1000も減少しているのだ。このことから、北区の商店は弱い店が淘汰され、「強い店」の売り上げが増えているという状況が想像できる。つまり今、生き残っている店に限っては儲かっているので、「北区価格」を保てているのではないか。

北区の商店の売り上げは同じく7年間で約60億円減少している。小規模店の年間販売額は全国平均で6000万円前後。単純計算で1000店減ったら600億円減るはずなので、確かにその傾向はあるだろう。だが、多数の商店が閉店すると街の活気は失われていく。それも小規模店が集まる商店街が特徴だった北区である。今後も小売店の売上額は減っていき、その分の買い物需要が都心部や川口などの周辺地域に流れ続ける可能性はある。そうなれば、北区の商店は価格を上げざるを得なくなり、それによってさらに人気が減衰。といったスパイラルに陥る危険は、存在するというべきだ。

その時、北区はどうなってしまうのか。安くもなく、便利でもない最悪の未来すらみえる。元の人気が低く、安くて便利な土地だということを「発見」されたことで、北区はその人気をアップさせている最中だ。しかしそうした強みが、住宅面でも買い物面でも失われつつあるのではないか。そうしたとき、残るのはただ単に「都心部まで15分くらい」という交通の利点だけだ。

確かに、この利点は強い。東京都東部から千葉県からは丸の内エリア、東京都西部からは新宿エリアでしか「通勤15分」は達成できない。丸の内にも新宿にも近いのは北区だけである。

この交通の利便性は、しかしすでにブランドを確立している都西部や、北区以上に安い東部と戦う上で、どこまで対抗力をもつかはわからない。地域に人気があり、街が活性化することで、様々なビジネスが発生し生活は便利になる。マンション建設数の減衰からみても、北区がこれ以上人口を大幅に増やすことは不可能だろう。せっかく人気が出始め、発展が期待される北区には、早くも今後の「急激な衰退」すら危惧される事態が訪れているのではないだろうか。

今も進むマンション建設。だがそのスピードは大幅に減速し、ここから先は「思うように住宅を増やせない」状態になるかもしれない

思ったより目立たないが、北区の小売業は着実に衰退している。これをどのような形で食い止めるかは、今後の重要な課題となる

今の北区を「残せるか」どこまで勝負だ

北区はすでに文化遺産である！

隠された「理想郷」だったことが露見し、それによって発展の糸口をつかんだ北区には、早くも限界が迫っているのが、２０１９年現在の現状だろう。

先の項で紹介した商店街の衰えには、マンション建設や知名度アップによって、新たな住民が増えたことが影響しているのかもしれない。元々の北区民は、戦後の高度成長期にやってきた人々だ。工業地帯であったため、ブルーカラー層が多かった。そうしたキャラクターを持つ人々が住む街だからこそ、昨今人気になっている個性的な飲み屋街が隆盛し、安い価格で生活用品を売る商店街が生き残った。

しかし、今北区にやってきている人々は、少なくともマンションを買える程度の収入がある人々。いわゆるビンボー人ではない。こうした人々の需要と、元来の北区スタイルは合致しない。仮に、夫婦のうち夫が北区スタイルが好きな人であっても、妻がそうとは限らないわけだし、どうしても元来の地元と合致しない恐れはあるわけだ。

近年世界的に起こっている「ソフィスティケーション」、つまり乱暴に説明すると「街の高級化」によって、その街が「人気を得る要因となった」ものが失われ、魅力のない土地になってしまう現象に、今北区はさらされているのではないだろうか。しかし、これは自然な現象だ。ソフィスティケーションはデメリットばかりが喧伝されるが、実は、高所得層が増えることで、街全体の売り上げが上がり、着実に発展するという側面もある（その影響で元来の住民層は淘汰されてしまうのだが）。

とはいえ、ここ近年の商業の減速っぷりをみていると、残念ながらプラス方向の影響は少ないとみるべきだろう。つまり北区は、現在まだ残っている、元来のスタイルを保全し、人気を保つほうが上策というべきだろう。

つまり、重要になるのは、商店街や飲み屋街の保全である。観光地化が進み、住民が迷惑しているという現象にも触れたが、逆にみれば観光客の存在によって、北区スタイルは「延命」されているということもできる。

そうなると、商店街や飲み屋街を重要な観光名所と位置づけ、住民の利便性に気を使った上で現在のスタイルを「保護」し、なるべく変わらないようにしていく必要があるだろう。

そのためには、安直な再開発は禁物だ。確かに、古くからの商店街や飲み屋街は戦後のバラック街出身のものが多く、現在の耐震、火災対策から考えると頭の痛い、古くて潰れやすく燃えやすいものだ。しかし、その頭の痛い存在こそが、北区を崩壊から救うのであれば、できるだけの努力で、これを守っていかなければならない。

正直なところ、全部をそのまま保全するのは不可能だ。住民の利便性を考えれば再開発が絶対的に必要となる地域は多い。だからこそ、そのバランスを慎重に見極め、昨今各地で見られるような、乱暴な開発をさせないようにすることが、重要になってくる。王子、赤羽、十条。北区の街は文化財なのだ。

脱ベッドタウンも狙ってみては？

もうひとつのアイデアは「脱ベッドタウン」だ。北区はもともと、軍事施設や工場群といった「自前の産業」で発展してきた土地だ。昨今の観光地化も、江戸時代の飛鳥山から続く伝統と捉えれば、これも産業といえるだろう。

しかし、そうした自前のものは、もはや北区には僅かしか残っていない。すでに北区は完全なベッドタウンだ。

であれば、もう一度北区に産業を興すということを考えてみてはいかがだろうか。大規模な工場などは、少なくとも当面の間は「時代に則していない」わけだが、もう少し小規模なものなら可能性はある。

例えば、近年急速に発展しつつある３Ｄプリンタ（３ＤＣＧデータをもとに、立体物を生成する機器）を多く揃えた工場とか、ビルの中の狭いスペースでも価値の高いものづくりを志向してみるなどが考えられる。

このとき、丸の内にも新宿にも近い北区は、産業拠点として力を持てるのではないだろうか。他にも、最近では大学のキャンパスも高層ビル化が進んでいるので、僻地に移転してしまった大学を誘致するなど（中央とか法政とかね）、今の北区でも可能っぽいことが、アイデアレベルならまだまだ存在する。この大学誘致にしても、決め手は交通の便の良さだ。

これらのアイデアは、ほんの思いつき程度のものだ。ここでいいたいのは、北区が北区の実力で今できることは何かと考えるべきだということだ。これには、先に述べた「街の保全」も関係してくる。産業は「なんらかのものが集中している」ところに集まる。つまり、現在北区を魅力的にしているものを「好む人々」がどんな産業を引っ張っていってくれるのかを探るべきなのだ。

これも、ある意味北区の伝統といえるだろう。田端に文士村ができたのは、家賃が安く、東大などの大学へ「交通至便」だったことが大きな理由。北区が自分の姿を冷静に見つめたとき、「声を掛けるべき相手」がみえてくる。

すでに、日本は長期の少子高齢化時代に入っている。現在は東京や福岡、名古屋といった大都市「だけ」人口が増えているフェイズだが、いずれ大都市圏も地方と同様人が減る。それを補うための移民政策なども進んでいるが、まずは自前で街を発展させ、人々が暮らしやすい環境をつくることが重要。そうした地域でなければ、移民だってきてくれない。

整理しよう。北区の持つ魅力は、交通の便が東京でも最強クラスの「郊外」であり、魅力的な商店街や飲み屋街が「まだ残っている」こと。北区の伝統は、ブルーカラーから知識人まで自前で抱えこみ、単独でやっていける地域であること。これらが、今後北区を発展させていく上で、忘れてはならない「前提条件」となることだろう。

この前提条件を忘れたとき、北区は滅びることになる。北区には魅力がたくさんある。だがその魅力は、ともすれば肝心の北区自身が理解していなかったものであり、その結果、花の大東京でも特筆すべき地味な地域になっていたのだ。しかし、そうした「無視」はもう終わった。誰の目にも北区は魅力的に映っている。たとえ、大きな武器だった安さが失われつつあるとしてもだ。

だから、これからの北区は、「Ｔｈｉｓ ｉｓ Ｍｅ」と北区が目指すべき姿、守るべき姿を誇示しつつ、自信を持って歩んでいって貰いたい。「地味」というレッテルは、もはやどこにも存在しないのだから。

商店街はもはや文化遺産。観光地化を恐れることなく、いかに地元の生活と観光を融合させるかを模索していくことが大切だ

食文化は北区の売り。幸い黒おでんなど、多くの店が北区スタイルをアピールしている。これをもっと強化していきたい

期待できるのか不安なのか
これからの北区はどうなる

新しい北区プロモーションが始動

長きにわたって北区をみてきたが、いかがだっただろうか。最後に、肝心の行政が、これからどうやって北区を運営していくかの計画をみて、本稿を終わりにしたいと思う。

まずは大分緩和されたが、あいかわらず懸案の知名度アップだ。確かに様々な要因で北区の認知度はアップした。しかし、北区が行ったアンケートに拠れば、北区のイメージは「名前は知っている」が74パーセント。相変わらず漠然としており、「赤羽でしょ!」的な即答状態にはまだまだ遠いようだ。

そこで立ち上がったのが「北区イメージ戦略ビジョンＫＩＳＳ」。北区のプロモーション方針である。いきなり妙に恥ずかしいタイトルだが、これは「北区イメージストラテジー（戦略）＆スキーム（計画）」の頭文字を略したもの。ああ、まあ確かに意味は通っているのだが、やっぱり小っ恥ずかしい。うーむ、こういうセンスが北区のよくないところと思わなくもないが……。

で、気を取り直して中身をみると、「ブランドメッセージ」としては、「住めば都」に引っかけた「住めば北区東京。」というものが、全体の「大タイトル」となっている。いや、「住めば都」ってそれほど肯定的な意味じゃあないような……。軽く自虐も入っているとみるべきなのか。

いやいや、ちゃんと中身をみよう。北区が確立したいイメージとしては、アクセスの良さ、自然の多さ、創造という3つの柱を立てている。アクセスの良さに関しては、赤羽や王子を「経由」して都心に向かう人たちへのアピールを重視しているようで、イメージアップにより途中下車を誘い、買い物や飲食を北区でしてもらえるようにしたい意思がうかがえる。

イマイチだなと思うのは「創造」の項目。ここには近代産業発祥の地、ナショナルトレセン、田端文士村などが挙げられているが、要するにこうした「北区の常識」がまったく知られていない状況であるということだ。しかし、これらを知ってもらったことでどのような効果があるというのか。創造というならば、過去のものや既存のものではなく、もっと現在進行形のものが欲しい。ただ、今のところ代表例たり得るものに、現在進行形のものがないわけで、このあたりも今の北区が厳しさをかかえていることの証明となってしまっている。

次のマスタープランはどうなる？

さて、一抹の不安を感じるプロモーションだったが、肝心の開発計画などはどうなっているのか。実は、現在北区は「マスタープラン２０２０」を作成中。色々と危機がさけばれる「五輪後」を見越した計画を策定中だ。

その内容を探るために、２０１５年の資料をみてみると、これまで紹介した十条駅の高架化や西口駅前整備などと並んで、商店街の活性化の項目が目に飛び込んできた。ただ、その内容にはあまり新鮮味を感じない。基本的には「連携を強めていく」といった具体性のない文句が並んでおり、目を引いたのは中小企業診断士などを常駐させ、各種の相談を受けられるようになっていることくらい。例えば本書なら「街並み保護」といった内容を主張しているが、そういったわかりやすいものも少ないのは不満だ。補助金も最大のもので３００万円程度だし、もうちょっと頑張ってもいいのに、というのが正直な感想だ。

まあこれは、２０２１年に発表される新しいマスタープランに期待するとして、最後に大きな懸念が。さきほどのプロモーションでもアピールされていた自然環境。これは外語大跡、自衛隊駐屯地跡などの国有地が公園となったことで充実しており、合わせて実施された住民アンケートでも、区の良い所として挙げられている。ただ、区の「基本計画２０１５」には、これらの敷地の「有効活用を検討」といったことが書かれている。確かに、広い土地は魅力的だ。マンションを建てたりすればかなりの規模になるだろう。だが、北区の魅力として、こうした自然環境があることがわかっているのだから「環境を大切にする」といった意思は明確にしてもらいたいと思うのは、筆者だけだろうか。

また、アンケートで気になったのはもうひとつ。このアンケートでは、中学生に限った集計もされているのだが、全年齢の結果では、大半の区民が「北区に愛着がある」と答えているのに対し、中学生は「あまり愛着がない」「わからない」が半数以上を占めているのである。これはつまり、今の子供たちは北区に魅力を感じておらず、いずれ他の地域に出て行きたいと思っている、と考えておくべきだろう。

思うに、これが現在北区における最大の問題なのではないか。新住民が増えている昨今、最近やってきた子供も多いし、親があまり北区に愛着をもっていなければ、子供にもそうした気持ちは芽生えないだろう。その結果、あと10年もすれば大量の人口流出を招いてしまうかもしれない。

これまでの北区は、地味ながら強固な愛郷心をもつ区民たちに支えられてきた。しかしそれは内部から徐々に融解しつつあるわけだ。そう考えておくべきだろう。つまり、今北区が本当に必要としているのは、開発計画だけではなくプロモーション。それも、外向きのものではなく、当の区民に向けたものが重要だ。だから、とりあえず北区は、家族で商店街を歩いたり、区内で外食をしたりして、子供たちに「北区の思い出」をすり込むことから始めよう。地味だがこれは効く。歩いてみれば、北区の魅力など、すぐに理解できるのだから。

北区の良さはまず北区民が理解せねば！　子供のうちから北区の魅力を叩き込み、未来永劫北区の魅力を語り継いでもらうべし

あとがき

本書を含む「地域批評シリーズ」の取材において、楽しみとしているのは各地の飲食店街を覗くことだ。北区は、その意味で最高の土地である。どの街も代わり映えのしないチェーン店だらけになっている昨今、北区のように、期待と不安を抱いてのれんをくぐることのできる街は貴重な存在である。

また、取材中に商店街で買い食いをしたのは、個人的には十条と、あとは鹿児島県のいちき串木野市だけである。鹿児島では魚屋で刺身を食し、十条では「有名な例のあれ」を堪能した。そうか、買い食いのみならず、歩き食いをしたのは、10年を超える本シリーズの取材のなかで、北区だけだったのか。

北区は、そうしたくなる雰囲気を持っている地域だと思う。なんというか、全体的にふんわりしているのだ。このふんわり具合は、なんとも不思議なものだ。北区は、北部は労働者、南部はブルジョワ地帯というのが元々の姿だ。ステレオタイプに考えれば、元気の良い街とお高くとまった街に二分されそうなものだが、なぜか北区は全体的に「ふんわり」なのである。

その秘密を、本書では北区がなんども大きな変化を迎えたことに求めたのだが、そう考えると、本文中で触れた「変わってしまう恐怖」も杞憂に過ぎないのではないかと思えてくる。というのも、北区には同業者を中心とする知人が多く住んでいるのだが、この人たちもことごとく、北区に住んでしばらくすると、どこかふんわりとした雰囲気を漂わせるようになったからだ。元は触ると刺さるトゲだらけのような人であってもそうなのである。だから、少しの間だけ、おきまりの旧住民と新住民の諍いが起こるかもしれないが、しばらくすれば、それも落ち着いて「正しい北区民」になっていくのだろう。

しかし、本作りとはいつまで経っても難しい。本書では、横断的に北区を論じてきたつもりだが、入れられなかった話題はまだまだ存在する。足立、板橋、豊島に挟まれた北区は、往年の不良の戦場であったとか、滝野川に住んだ王子製紙人脈がどれだけ日本全国を動かしたかなど、話しきれなかったことは多い。

いずれ、さらに北区が発展し、困難を打破し、より魅力的になったとき、もう一度北区を題材に筆をとりたい。今回書き切れなかったネタは、そのときまでの宿題として、しばらく温めておくことをご容赦願いたい。

参考文献

・北区政策経営部企画課
『北区基本計画2010』　北区　2010年
・北区政策経営部企画課
『北区基本計画2015』　北区　2015年
・北区政策経営部企画課
『北区シティプロモーション方針』　北区　2016年
・北区政策経営部企画課
『北区行政資料集』　北区　各年度版
・北区企画部広報課
『北区ニュース綴』　各号　北区中央図書館
・北区企画部広報課
『伸びゆく北区　史跡文化財編　施設編』　北区　1986年
・北区史を考える会
『北区郷土史1』　1993年
・北区史を考える会
『北区郷土史2』　1998年
・北区史編纂調査会
『北区史研究』　第1号　北区企画部広報課　1992年
・北区史編纂調査会
『北区史研究』　第2号　北区企画部広報課　1994年
・北区史編纂調査会
『北区史研究』　第3号　北区企画部広報課　1995年
・北区史編纂調査会
『北区史研究』　第4号　北区企画部広報課　1995年
・北区史編纂調査会
『北区史研究』　第5号　北区企画部広報課　1997年
・北区史編纂調査会
『北区史　現代行政編』　北区企画部広報課　1994年
・北区史編纂調査会
『北区史　都市問題編』　北区企画部広報課　1994年
・北区史区議会史編さん室
『新修北区史』　北区広報課　1971年
・東京都総務局
『東京都統計年鑑』　東京都　各年度版
・東京北区書店組合
『昭和30年・40年代の北区―なつかしい昭和の記録』　三冬社　2009年
・荒木筑洋
『文化の瀧野川』　瀧野川町　1923年
・瀧野川信用金庫五十年史編纂委員会
『瀧野川信用金庫五十年史：たきしんが刻む春秋五十年』　瀧野川信用金庫　1989年
・瀧野川地誌探訪編集委員会
『瀧野川～地誌探訪～』　滝野川防災懇話会特別事業実行委員会　1998年
・大嶋貞吉
『瀧野川町誌：滝野川町制二十周年記念・東京市併合記念編纂』　瀧野川町誌刊行会　1933年
・SEIBIDO　MOOK
『歩く地図東京散歩』　成美堂出版　2014年
・飛田範夫
『江戸の庭園：将軍から庶民まで』　京都大学学術出版会　2009年
・小川宮次
『王子電車・王電バス沿線風物誌：王子電気軌道株式会社三十年史』　王子電気軌道　1940年
・黒川徳男ほか
『北区こぼれ話』　北区立中央図書館　2013年
・散歩の達人MOOK
『ザ・商店街さんぽ』　交通新聞社　2012年
・全国市街地再開発協会
『赤羽駅周辺整備計画調査報告書＜概要版＞』　北区　1986年
・北区都市整備部
『赤羽駅東口地区のまちづくり』　北区　1990年
・赤羽・十条駅付近立体化協議会
『赤羽・十条駅付近立体交差化に関する経過

概要』　北区赤羽・十条駅付近立体交差化対策部　1988年
・中村 建治
『山手線誕生―半世紀かけて環状線をつなげた東京の鉄道史』　イカロス出版　2005年
・久住 昌之・谷口 ジロー
『孤独のグルメ』（各巻・文庫版）　扶桑社　2000年～
・清野とおる
『ウヒョッ！東京都北区赤羽』　各巻　双葉社　2013年～
・エイ出版社編集部
『赤羽本23　エイ出版　2017年
・東京　区あるある研究所
『北区あるある』　TOブックス　2017年

【サイト】

・北区
http://www.city.kita.tokyo.jp/
・東京都
http://www.metro.tokyo.jp/
・国土交通省　土地総合情報ライブラリー
http://tochi.mlit.go.jp/
・国土交通省関東地方整備局ホームページ
http://www.ktr.mlit.go.jp/index.htm
・全国中小企業取引振興協会ホームページ
http://zenkyo.or.jp/index.htm
・総務省統計局ホームページ
http://www.stat.go.jp/index.htm
・東京都総務局ホームページ
http://www.soumu.metro.tokyo.jp/index.htm
・ＪＲ東日本
http://www.jreast.co.jp/index.html
・東京メトロ
http://www.tokyometro.jp/index.html
・東京都市交通局
http://www.kotsu.metro.tokyo.jp/
・京成電鉄
http://www.keisei.co.jp/
・田端文士村記念館
http://www.kitabunka.or.jp/tabata/
・Ｙａｈｏｏ！路線
http://transit.yahoo.co.jp/
・Ｙａｈｏｏ！電話帳
http://phonebook.yahoo.co.jp/
・スーモ
http://suumo.jp/
・ホームズ
http://www.homes.co.jp/
・ＣＨＩＮＴＡＩ
http://www.chintai.net/
・ホームアドパーク
http://home.adpark.co.jp/
・共同通信社
http://www.47news.jp/news/
・朝日新聞
http://www.asahi.com/
・読売新聞
http://www.yomiuri.co.jp/
・毎日新聞
http://mainichi.jp/
・産経新聞
http://www.sankei.com/
・日本経済新聞
http://www.nikkei.com/
・東京新聞
http://www.tokyo-np.co.jp/

●編者
昼間たかし
1975年岡山県に生まれる。県立金川高等学校を卒業後、上京。立正大学文学部史学科卒業。東京大学情報学環教育部修了。ルポライターとして様々な媒体に寄稿、取材を続ける。近年『日本の特別地域　東京都足立区』を始めとした「地域批評」シリーズを取材・執筆。著書に『コミックばかり読まないで』(イーストプレス) など。

鈴木士郎
1975年東京都生まれ。編集者、ライター。地域批評シリーズに創刊時よりスタッフとして参加。過去の担当地域は北海道から鹿児島県までと、北端と南端をカバーしてしまったが、未だ未踏の地も多い。近著に『地域批評シリーズ30 これでいいのか東京都武蔵野市』など。

地域批評シリーズ㊵　これでいいのか 東京都北区
2019年9月13日　第1版　第1刷発行

編　者　昼間たかし
　　　　鈴木士郎
発行人　武内静夫
発行所　株式会社マイクロマガジン社
　　　　〒104-0041　東京都中央区新富 1-3-7 ヨドコウビル
　　　　TEL 03-3206-1641　FAX 03-3551-1208 (販売営業部)
　　　　TEL 03-3551-9564　FAX 03-3551-0353 (編　集　部)
　　　　http://micromagazine.net/
編　集　髙田泰治
装　丁　板東典子
イラスト　田川秀樹
協　力　株式会社エヌスリーオー
印　刷　図書印刷株式会社

※本書の内容は2019年8月8日現在の状況で制作したものです。

2019 Printed in Japan　ISBN　978-4-89637-920-4　C0195